KB201963

키르케고르의
매일 묵상 기도

30 Days

키 르 케 고 르 의
매일 묵상 기도

키르케고르 지음

오석환 · 이창우 역주

카리스
아카데미

키르케고르의 매일 묵상 기도
2025년 4월 7일 발행

지은이 | 쇠렌 키르케고르
옮긴이 | 오석환 · 이창우

발행인 | 이창우
기획편집 | 이창우
표지 디자인 | 이형민, 이창우
본문 디자인 | 이창우
본문 그림 | 류요한
영상 제작 | 손경빈
교정·교열 | 오유리, 왕현조, 정준희

펴낸곳 | 도서출판 카리스 아카데미
주소 | 세종시 시청대로 20 아마존타워 402호
전화 | 대표 (044)863-1404(한국 키르케고르 연구소)
편집부 | 010-4436-1404
팩스 | (044)863-1405
이메일 | truththeway@naver.com

출판등록 | 2019년 12월 31일 제 569-2019-000052호

값: 18,000원
ISBN 979-11-92348-06-3(세트)
ISBN 979-11-92348-41-4(04230)

추천사

기도는 신비입니다. 우리 기도를 들으시는 하나님은 기도하시는 하나님이십니다. 마르바 던은 "기도란 삼위일체 하나님의 대화를 엿듣는 것이다"라고 말합니다. 기도는 삼위일체 하나님의 거룩한 초대이며, 그분과의 교제 속으로 들어가는 길입니다. 평생 기도를 실천하지만, 우리는 모두 기도의 초심자입니다. 초심은 순수한 마음이며, 겸손한 태도입니다. 무엇보다도 배우려는 자세입니다. 기도는 배우고 또 배워야 합니다.

기도를 배우는 가장 좋은 방법이 있습니다. 그것은 예수님의 주기도문과 더불어 영성가들의 기도를 통해 배우는 것입니다. 키르케고르의 기도는 한국 교회에 처음 소개되는 기도서입니다. 그의 기도는 삼위일체 하나님을 향한 깊은 탄식과 경외, 그리고 순전한 신뢰로 가득 차 있습니다. 단순한 신학적 사변이 아니라, 영혼 깊은 곳에서 터져 나오는 진실한 기도입니다.

키르케고르는 철학자로 알려져 있지만, 그의 기도는 철학을 넘어 영혼의 언어를 담고 있습니다. 그는 기도를 통해 인간의 한계를 묵상하고, 하나님의 은혜를 깊이 경험합니다. 신앙이란 무엇보다도 하나님 앞에서 자신을 정직하게 드러내는 삶입니다. 그의 기도 속에는 신앙의 여정에서 겪는 갈등과 내적 성숙의 과정이 녹아 있습니다.

이 책은 기도를 통해 신앙의 본질을 회복하도록 돕습니

다. 기도는 단순한 종교적 활동이 아닙니다. 기도는 하나님 앞에서 진실하게 살아가는 것입니다. 이 책을 깊은 기도의 세계로 들어가기를 원하는 분들께 추천합니다. 하나님을 더욱 깊이 배우고, 하나님을 닮기를 원하는 분들께 추천합니다.

강준민_L.A. 새생명비전교회 담임

목차

일기 서지 사항

서문

한국에 키르케고르가 꽤 오래전에 소개되었습니다. 이미 일제강점기 때부터 소개되어 들어왔으니, 많은 시간이 흐른 것입니다. 김응교 교수에 의하면, 우리가 잘 아는 시인 윤동주도 이미 그 당시에 키르케고르의 글을 알고 읽었다고 합니다. 주로 철학 분야에서 키르케고르에 대한 연구가 있었습니다. 하지만 신학 분야에서나 한국의 기독교에서는 제대로 소개되지 않았을 뿐만 아니라, 오해하고 있는 부분도 많습니다.

여기에 어떤 오해가 있는지 다 서술하고 싶지는 않습니다. 다만 한 가지를 지적하자면, 프란시스 쉐퍼가 한국에 많이 소개되었는데, 그는 키르케고르를 기독교의 거의 '역적'의 아비처럼 설명하고 있습니다. 이로 인해 신학을 전공한 사역자 그룹 내에서 많은 오해가 생긴 듯합니다. 뿐만 아니라, 책을 출판하는 출판사 입장에서도 키르케고르에 대한 선입견이 있는 것 같습니다. 이런 점에서 볼 때, 날로 신뢰를 잃어가는 기독교의 현실 속에서 키르케고르를 소개하는 데에 상당한 어려움을 겪은 것이 사실입니다.

이런 상황에서 이 책의 기획 의도는 독자들이 직접 그의 기도를 읽어보고, 조금이라도 신앙적인 면에서 그의 작품을 이해하도록 돕는 데에 있습니다. 기도문과 해설을 읽다 보면, 그가 예수 그리스도와 복음에 대해 얼마나 심층적으로 이해하고 있는지를 알게 될 것입니다.

키르케고르의 기도가 중요한 이유는 그의 강화(일종의 설교집)의 핵심적인 내용을 담고 있기 때문입니다. 그의 기도는 마치 강화 전체 내용을 축약해 놓은 요약본과 같습니다. 뿐만 아니라, 기독교 교리의 핵심적인 내용을 담고 있는 경우도 있습니다. 기도를 읽다 보면 마치 하나의 산문시를 읽는 듯한 느낌이 들기도 합니다.

따라서 기도 해설은 기도와 관련하여 강화의 내용 중 가장 핵심이 되는 부분을 발췌하여 소개하거나, 관련된 이야기로 풀어 소개하였습니다. 키르케고르의 강화는 근본적으로 자기 자신의 변화를 목적으로 합니다. 강화는 어떤 객관적인 지식 습득을 목표로 하는 것이 아니라, 스스로 말씀을 깨닫고 그 말씀 안에서 '변화'하는 데에 목적이 있습니다. 기도 해설 역시, 기도를 읽고 가능하면 자기 자신을 돌아보며 말씀의 거울 앞에 자신을 비추어 볼 수 있도록 했습니다.

기도문의 순서는 후기 작품부터 역순으로 배치하였으며, 그의 일기에 나오는 기도는 전기부터 순서대로 번역하여 실었습니다. 전기 작품보다는 후기 작품이 더 기독교적인 영역을 다루고 있고, 키르케고르 자신의 신앙적인 모습을 유추할 수 있는 글이 많이 담겨 있기 때문에, 가능하면 독자들이 먼저 이 글들을 접하길 바랐습니다.

이 기도들이 지금 이 시대를 살아가는 독자들에게도 다시 '하나님 앞에 선 단독자'로 서도록 이끌어주기를, 그래서 신앙의 말씀이 단지 외적 지식이 아닌 내적 변화를 낳는 계기가 되기를 진심으로 소망합니다.

01 겸손을 위한 기도

하늘에 계신 하나님,
제가 아무것도 아님을
올바르게 느끼게 하시고
이에 절망하지 않게 하소서.
그럴수록 주님의 선하심을
더욱 강하게 느낄 수 있게 하소서.

[이 소원은 나의 속사람이 비웃듯, 미식가가 음식 맛을 더 좋게 하기 위해 스스로를 굶기는 것과 같은 쾌락주의(Epicureanism)가 아니다.]

—JP: 3378, EE:67, Pap. II A 423, 1839년 5월 14일

God in Heaven, let me really feel my nothingness, not so as to despair over it, but so as to feel the greatness of your goodness all the more strongly.

[this wish is not, as the scoffer in me would say, a form of Epicureanism, as when a gourmet makes himself hungry in order to make the food taste better.]

기도 해설

많은 사람들은 세상에서 대단한 사람이 되고 싶어 합니다. 명예를 얻고 싶어하고, 성공하고 싶어합니다. 그러나 세상에서 명예를 얻고 성공하는 것도 얼마나 좁은 길입니까! 유튜브를 들어보십시오. 얼마나 성공하기가 어려우면 '성공학', '자기계발'에 관한 책들이 가장 잘 팔리겠습니까?

그러다가 명예를 얻지 못하고, 실패하게 되면, 대부분의 많은 사람들은 절망하게 됩니다. 하지만 이 기도는 이런 종류의 절망에 대해 말하는 것이 아닙니다.

기도하는 사람은 오히려 그의 명예와 성공을 아무것도 아닌 것으로 만들고자 기도합니다. 이것은 마치 옛날, 쾌락만을 추구했던 에피쿠로스 학파의 사람들처럼 보일 수도 있습니다. 그들은 맛을 즐기기 위해, 더 환상적인 맛을 즐기기 위해 일부러 굶습니다. 굶으면 굶을수록 맛은 더욱 좋아집니다.

마치 이런 쾌락주의자들처럼, 이 기도는 최고의 명예를 얻기 위해 일부러 가장 낮은 곳에 가고자 하는 것처럼 보입니다. 하지만 이 기도는 진정 하나님 앞에서 그가 쌓은 명성과 명예를 아무것도 아닌 것으로 만들고자 하는 속사람의 거룩한 갈망입니다. 더 높은 이상을 향한 갈망입니다.

여러분은 어느 것이 더 어렵다고 생각하십니까? 여러분의 능력으로 최고의 자리에 가는 것, 그래서 명예와 명성을 얻는 것이 어렵습니까? 아니면, 자신의 노력으로 쌓은 명예와 명성을 아무것도 아닌 것으로 만들며 더욱 낮아지지만 절망하지 않는 것이 더 어렵습니까? 하나님께서 원하시는 믿는 자의 삶은 어떤 종류일까요?

적용

1. 나는 명예와 존경을 원하고 있습니까, 아니면 하나님 앞에서 아무것도 아닌 자임을 깨닫기 원합니까?

_____

_____

_____

_____

2. 나는 과연 무익한 종이 될 수 있습니까?

　"이와 같이 너희도 명령 받은 것을 다 행한 후에 이르기를 우리는 무익한 종이라, 우리가 하여야 할 일을 한 것뿐이라 할지니라."(눅 17:10)

_____

3. 진정한 기독교의 가치는 어디에 있는 걸까요?

02 우리의 말을 위한 기도

우리의 말이
오늘 들에 있다가
내일 아궁이에 던져지는 꽃과 같지 않게 하소서.

비록 그 꽃의 화려함이
솔로몬의 영광을 능가한다 할지라도,
그 꽃과 같지 않게 하소서.

—*JP:3367, NB DD:182, Pap. II A 308, 1838년 12월 24일*

May our talk not be like the flower which today stands in the meadow and tomorrow is thrown into the furnace, not like the flower even if its splendor exceeds the glory of Solomon

기도해설

키르케고르는 이 기도를 쓴 것은 1838년 12월 24일 크리스마스 이브였습니다. 아마도 그는 크리스마스 이브에 많은 생각을 했던 것 같습니다. 그 중에 마태복음 6장 29-30절을 묵상하며, 이 기도를 일기에 남겼을 것입니다.

[마6:29-30] "그러나 내가 너희에게 말하노니 솔로몬의 모든 영광으로도 입은 것이 이 꽃 하나만 같지 못하였느니라. 오늘 있다가 내일 아궁이에 던져지는 들풀도 하나님이 이렇게 입히시거든 하물며 너희일까보냐 믿음이 작은 자들아"

주일날 교회에 오면 목사님의 설교를 듣습니다. 많은 사람들은 하나님의 말씀을 감동적으로 전하는 설교자를 보고 찬사를 보냅니다. 어떻게 하나님의 말씀을 이렇게 감동적으로 전할 수 있는지 그 설교자를 칭찬하기도 하고, 많은 사람들에게 들어보라고 권유하기까지 합니다. 문제는 무엇입니까? 정작 그 말씀을 행하는 데에는 아무도 관심이 없고 망각

해버려, 그 설교자의 설교가 찬사로 끝나고 마는 것입니다. 그때, 이 1연의 기도는 무엇보다 강렬합니다. 이 기도는 이 설교자의 설교가 내일 아궁이에 던져지는 꽃과 같지 않게 해 달라고 적용할 수도 있습니다.

이 기도의 2연은 더 충격적입니다. 그 설교자의 설교가 아무리 화려하다 해도, 그 설교자의 감동이 심지어 솔로몬의 영광보다 더욱 크다 해도, 그런 꽃과 같지 않게 해달라는 것 입니다. 하지만 이것이 설교뿐이겠습니까? 여러분들의 화려 한 말은 무엇이 있습니까?

또한, 우리는 이 기도를 한번 더 생각해 볼 수 있습니다. 키르케고르의 작품을 읽은 수많은 사람들에게 대해 경각심 을 일깨우는 기도일 수도 있습니다. 즉, 그의 작품을 읽고 수 많은 찬사를 쏟아내는 사람, 그리하여 그의 작품을 읽고 감 동받고 있는 사람에 대한 염려의 기도일 수 있습니다. 그들 이 키르케고르의 작품을 읽고 감탄만 하고 끝난다면, 그때 그의 작품은 내일 아궁이에 던지지는 꽃과 같은 신세가 된

것은 아닐까요? 여러분은 이 기도에 감탄만 하고 있는 건 아닌지요?

결국 이 기도는 말이 주는 순간적인 화려함을 경계하고, 그것이 참된 영원성과 연결되기를 소망하는 키르케고르의 간구라고 볼 수 있습니다. 그는 철학, 신학, 심지어 아름다운 문학적 표현조차도 진리와 연결되지 않으면 단명하는 꽃과 같은 것이라고 보았으며, 인간의 말과 행위가 진정성 있는 신앙과 연결되기를 기도한 것입니다.

적용

1. 나의 말과 행동 사이에 어떤 괴리가 있지 않습니까?

_____

_____

_____

2. 나의 삶이 한때는 화려해 보일지라도, 결국 소멸할 헛된
   것 위에 세워져 있지 않습니까?

_____

_____

_____

_____

03 구원받았다는 사실을 위한 기도

과학의 많은 영광에 대한 지식을 우리에게 허락신다 해도,
그 이유로 필요한 한 가지를 잊지 말게 하소서.

주께서 우리의 정신력을 소멸시키거나,
이 땅에서 너무 늙어
우리의 정신이 무뎌지도록 하신다 해도,
아! 우리가 다른 모든 것을 잊는다 해도,
결코 잊을 수 없는 한 가지가 있습니다.

우리가 당신의 아들에 의해
구원받았다는 사실을 잊지 말게 하소서.

—*JP:3368, Pap. II A 309, 1838년 12월 24일*

And if you grant us knowledge of the many glories of science, let us not forget on that account the one thing needful. And if you extinguish our mental powers or allow us to grow so old on this earth that our minds are dulled, Ah! there is one thing which never can be forgotten, even if we forget all else, that we are saved by your Son.

해설

1838년 12월 24일 크리스마스 이브에 키르케고르가 남긴 일기의 여백에서 발견된 것이 바로 이 기도입니다. 저는 이 기도 역시 '솔로몬의 영광'과 관련이 있다고 생각합니다. 또한, 개인적인 의견이지만 누가복음 2장 14절과 도 관련이 깊습니다.

> [눅2:14] 지극히 높은 곳에서는 하나님께 영광이요 땅에서는 하나님이 기뻐하신 사람들 중에 평화로다 하니라

크리스마스 이브는 예수님의 탄생에 대해서 누구나 생각하는 날입니다. 즉, 얼마나 하나님께 영광이 되는 날인지요! 아마도 키르케고르는 이 날의 영광과 솔로몬의 영광을 생각함과 동시에, 과학 기술의 발전으로 인한 영광을 생각했을 것입니다. 키르케고르가 살았던 1800년대는 산업혁명으로 인한 엄청난 과학의 발전이 있었습니다. 아마도 그는 그런 과학 발전을 목도하였을 것입니다.

오늘날 우리들은 4차 산업혁명의 영광을 보고 있습니다.

키르케고르가 2차 산업혁명의 모습을 보고 있다면, 오늘날 우리는 4차 산업혁명을 경험하고 있습니다. 그 중에서 가장 큰 이슈는 바로 인공지능 기술이며, 특히 챗GPT 모델은 전 세계를 강타했습니다. 사람들은 과학 기술의 발전에 감탄하고 있습니다. 모든 사람들을 사로잡고 있는 이러한 과학 기술의 영광, 여러분들은 어떻게 생각하나요?

키르케고르는 이렇게 전세계를 휩쓸고 있는 산업혁명의 현장 속에서, 크리스마스 이브에 성탄의 '진정한 영광'을 마주하고 있었던 것이지요. 그의 기도의 1연은 그런 과학 기술이 많은 영광을 우리에게 허락하신다 해도, 한가지만은 잊지 말게 해달라는 것이지요. 이 '한가지' 역시 누가복음 10장 41-42절과 관련이 깊습니다.

[눅10:41-42] 주께서 대답하여 이르시되, 마르다야 마르다야 네가 많은 일로 염려하고 근심하나 몇 가지만 하든지 혹은 한 가지만이라도 족하니라. 마리아는 이 좋은 편을 택하였으니 빼앗기지 아니하리라 하시니라.

예수 그리스도의 말씀만, 오직 이 한가지만 사모했던 마리아처럼, 세상이 과학 기술의 영광으로 떠들썩하다 하더라도, 한가지만은 잊지 않게 해달라는 기도입니다.

2연에서는 이런 소원이 더 강화되고 있습니다. 즉, 주님이 우리의 정신력을 약하게 만들거나, 심지어 나이들어 치매에 걸리거나 나이들어 우리의 정신이 오락가락한다 해도, 그리하여 다른 모든 것을 잊는다 해도, 이 '한가지'를 잊지 않게 해달라는 기도입니다.

3연에서 이 '한가지'가 명확하게 밝혀집니다. 즉, 모든 것을 전부 잊어버린다 해도, 주님이 탄생하신 이 밤, 이 크리스마스 이브에, 이 주님 때문에 구원받았다는 사실, 이 하나만은 잊지 않게 해달라는 간절한 소원을 담은 기도입니다.

오늘날 우리는 과학 기술의 혁명에 사로잡혀 있습니다. 인공지능, 블록체인, 로봇, 스마트 시티 등 다양한 곳에서 다양한 발전에 모두 감탄하고 있습니다. 하지만 날이 갈수록, "하늘에는 영광, 땅에는 평화"라고 외쳤던 누가복음의 영광에는 별로 관심이 없는 것 같습니다. 과학 기술의 영광에 사로잡혀, 이 하늘의 영광을 망각하면 인간의 상태는, 여러분과 저의 상태는 어떻게 되겠습니까?

적용
_____

1. 나는 어떤 '영광'을 추구하고 있습니까? 그것은 솔로몬의
   영광처럼 사라질 것을 구합니까, 아니면 하나님의 영광
   과 연결된 것입니까?

_____

_____

_____

2. 나는 과학 기술의 발전에 감탄하면서 신앙을 소홀히 하
   고 있지는 않습니까?

_____

_____

_____

3. 나는 인생에서 정말 중요한 것을 기억하며 살고 있습니까, 아니면 순간의 트렌드와 흐름에만 휩쓸리고 있습니까?

_____

_____

_____

4. 과학 기술이 신앙을 대체하는 시대 속에서, 나는 신앙을 어떻게 지키고 실천할 수 있습니까?

_____

_____

_____

04 주님을 향한 우리의 생각, 믿음, 소망

하늘에 계신 아버지,
우리의 생각이 주님께로 향하게,
하소서.

이 시간 우리의 생각이,
길을 잃은 나그네의 불안한 발걸음이 아니라,
친숙한 고향을 향에 날아오르는 새처럼
주님을 다시 찾게,
하소서.

주님을 향한 우리의 믿음이
일시적인 생각이 되지 않게,
한순간의 변덕이 되지 않게,
세상 마음의 실망스런 위로가 되지 않게,
하소서.

주님의 나라에 향한 우리의 갈망과

주님의 영광을 향한 우리의 소망이
비생산적인 산통이 되지 않게,
비가 오지 않는 구름처럼 되지 않게,
하소서.

마음의 충만에서 우러나오는 이 기도를 통해,
우리의 갈증을 해소하는 상쾌한 이슬처럼,
주님께서 주시는 하늘의 만나처럼,
우리를 영원히 만족시켜 주소서.

—JP:3366, NB DD:164, Pap. II A 285, 1838년 10월 30일

Father in heaven, our thoughts turn to you, seek you again in this hour—not with the irresolute step of a traveler who has lost his way but with the sure flight of a bird to its familiar home. Let not our trust in you be a fleeting thought, a momentary fancy, the deceptive tranquilizing of the earth-bound heart. Let our longings for your kingdom, our hopes for your glory, not be unproductive birth pangs, not be like rainless clouds, but let them rise to you from a full heart, and be granted, as the refreshing dew quenching our thirst and as your heavenly manna, satisfying us forever.

이 기도는 하나님을 향한 우리의 생각과 갈망이 일시적인 감정에 그치지 않고, 깊고 지속적인 믿음으로 이어지기를 간구하는 기도입니다. 또한 하나님께 향한 우리의 소망이 헛된 기대가 아니라, 실제적인 만족과 충만함으로 열매 맺기를 바라는 간절한 마음이 담겨 있습니다.

우리의 생각이 주님께로 향하게 하소서.

이 기도의 핵심은 우리의 생각과 마음이 온전히 하나님께로 향하도록 하는 것입니다. 길을 잃은 나그네의 불안한 발걸음이 아닌, 친숙한 고향을 향하는 새처럼 하나님께 돌아오기를 원합니다. 이것은 단순한 호기심이나 일시적인 감정이 아니라, 진정한 영적 안식과 귀향을 의미합니다. 인간은 끊임없이 방황하지만, 하나님만이 참된 안식처, 궁극적인 고향임을 강조합니다. "네 마음을 다하여 여호와를 신뢰하고 네 명철을 의지하지 말라"(잠 3:5)라는 말씀과도 연결됩니다.

믿음이 일시적인 감정이 되지 않게 하소서

"주님을 향한 우리의 믿음이 일시적인 생각이 되지 않게, 한 순간의 변덕이 되지 않게, 세상 마음의 실망스런 위로가 되지 않게 하소서."

우리는 종종 하나님을 향한 믿음을 감정적인 위로로만 여기고, 삶의 실제적인 기반으로 삼지 않는 경우가 많습니다. 그러나 참된 믿음은 순간적인 변덕이 아니라, 온전히 하나님을 신뢰하고 끝까지 붙드는 것입니다. 예수님께서는 "좋은 땅에 뿌려진 씨가 결실을 맺는다(마태복음 13:23)고 말씀하셨습니다. 이 기도는 우리의 믿음이 좋은 땅에 뿌려진 씨앗처럼 뿌리내리고 열매 맺기를 바라는 간구입니다.

하나님 나라에 대한 소원이 헛된 기대가 되지 않게 하소서

"주님의 나라를 향한 우리의 갈망과 주님의 영광을 향한 우리의 소망이 비생산적인 산통이 되지 않게, 비가 오지 않는 구름처럼 되지 않게 하소서."

"비생산적인 산통" 고통스럽지만 아무런 결과를 맺지 못하는 수고를 의미합니다. "비가 오지 않는 구름"은 아무런 유익도 주지 못하는 공허한 희망을 뜻합니다. 이는 하나님 나라를 향한 우리의 소망이 단순한 기대나 감정적인 환상이 아니라, 실제적인 신앙적 결단과 실천으로 이어지기를 바라는 기도입니다.

"하나님의 나라는 말에 있지 아니하고 오직 능력에 있음이라"(고전 4:20)라는 말씀처럼, 우리의 갈망이 실제로 순종과 변화로 나타나야 함을 강조합니다.

참된 만족을 주시는 하나님

"우리의 갈증을 해소하는 상쾌한 이슬처럼, 주님께서 주시는 하늘의 만나처럼, 우리를 영원히 만족시켜 주소서."

인간은 끝없는 갈망과 목마름 속에 살아갑니다. 세상의 만족은 일시적이고, 아무리 채워도 부족함을 느낄 수밖에 없습니다. 그러나 하나님은 우리에게 참된 만족을 주시는 분입니다. 예수님께서는 "내가 주는 물을 마시는 자는 영원히 목마르지 아니하리라"(요 4:14)라고 하셨습니다. "우리의 갈증을 해소하는 상쾌한 이슬", "하늘에서 내리는 만나"는 하나님의 공급하심과 영적인 충만함을 의미합니다.

결론: 흔들림 없는 믿음과 하나님께서 주시는 충만한 만족을 구하는 기도

이 기도는 하나님을 향한 우리의 믿음이 감정적이거나 일시적인 것이 아니라, 깊이 뿌리내리고 온전한 충만함으로 나아가기를 바라는 간구입니다.

우리의 생각이 하나님께로 향하고, 우리의 믿음이 흔들리지 않으며, 하나님 나라에 대한 소망이 헛된 기대가 되지 않고, 하나님께서 주시는 만족으로 충만해지기를 바라는 기도입니다.

"주님, 우리의 마음이 세상의 헛된 위로가 아닌,

하나님께서 주시는 참된 만족으로 채워지게 하소서."

1. 나의 신앙은 흔들리는 갈대입니까, 확고한 방향성을 가
   진 새입니까?

   _____

   _____

   _____

2. 나는 신앙을 단순히 마음의 위안을 얻기 위한 수단으로
   만 사용하고 있지는 않습니까?

   _____

   _____

   _____

3. 나는 하나님을 향한 나의 갈망이 순간적인 감정이 아니라, 지속적인 결단으로 이어지고 있습니까?

_____

_____

_____

4. 나는 하나님 나라에 대한 기대를 가지고 살아가며, 이를 실천하는 삶을 살고 있습니까?

_____

_____

_____

05 주님의 도움을 위한 기도

하늘에 계신 아버지!
사람이 무엇이기에 주께서 그를 생각하시며, 인자가 무엇이기에 주께서 그를 돌보시나이까![1]

모든 면에서, 모든 방법으로 돌보시는 주님,

진실로 주님은
자기를 증언하지 않는 적이 없으십니다.[2]

마침내 주님은
당신의 말씀을 주셨습니다.

1   이는 시편 8편 4절의 자유로운 인용으로, "사람이 무엇이기에 주께서 그를 기억하시며, 사람의 아들이 무엇이기에 그를 돌보시나이까?"(1740년 구약성경)라는 구절에서 따온 것이다. 이 구절은 히브리서 2장 6절에서도 인용되었으며, "사람이 무엇이기에 주께서 그를 기억하시나이까? 또는 사람의 아들이 무엇이기에 주께서 그를 돌보시나이까?"(1819년 신약성경)라는 표현으로 나타난다.

2   이는 사도행전 14장 17절을 암시한다. "그러나 자기를 증언하지 아니하신 것이 아니니 곧 여러분에게 하늘로부터 비를 내리시며 결실기를 주시는 선한 일을 하사 음식과 기쁨으로 여러분의 마음에 만족하게 하셨느니라 하고"

그 이상 더 많은 것을 할 수 없습니다.

사람에게 말씀을
사용하도록 강요하는 것,
읽도록 강요하는 것,
듣도록 강요하는 것,
말씀을 따라 행하도록 강요하는 것.
주님은 이런 것들을 바랄 수 없습니다.

아, 그러나 주님은
더 많은 것을 하십니다.

주님은 인간과 같지 않습니다.
사람은 어떤 것을 거저 주는 법이 거의 없습니다.
그러나 만일 사람이 거저 준다면,
적어도 그로인해 불편하게 되기를 바라지 않습니다.

하지만 오 하나님,
주님은 말씀을 선물로 주십니다.

무한히 숭고하신 분께서,
선물로 주십니다.

우리 인간은 보답으로 아무것도 드릴 수가 없습니다.

주님은
단독자에게 어떤 의도를 발견하기만 한다면,
즉각적으로 가까운 곳에 계십니다.

무엇보다 주님은
단독자가 말씀을 올바로 이해하기 위해
인간의 진심으로 노력할 때,
그것을 넘어서는 하나님의 기다림으로
단독자와 함께 앉아 말씀을 설명하시는 분이십니다.

주님은
단독자가 말씀을 따라 행하기 위해 분투할 때,
진정 하나님의 기다림으로
그를 당신의 손으로 잡으시고 그를 도우십니다.

주여, 하늘에 계신 아버지여!

Father in heaven! What is a man that you are mindful of him, a child of man that you are concerned for him-and in every way, in every respect!! Truly, in nothing do you leave yourself without witness; and finally you gave him your Word. More you could not do. To force him to use it, to read it, or to listen to it, to force him to act according to it-that you could not wish. Ah, and yet you do more. You are not like a human being. He rarely does anything for nothing, but if he does, he at least does not wish to be put to inconvenience by it. You, however, O God, you give your Word as a gift that you do, Infinitely Sublime One, and we humans have nothing to give in return. And if you find only some willingness in the single individual, you are promptly at hand and are, first of all, the one who with more than human-indeed, with divine-patience sits and spells out the Word with the single individual so that he may understand it aright; and then you are the one who, again with more than human-indeed, with divine-patience takes him by the hand, as it were, and helps him when he strives to act according to it-you, our Father in heaven!

이 기도는 『자기 시험을 위하여』 1부에 나오는 것으로 1부 전체의 내용은 말씀과 행함과의 관계에 대해 논증하고 있습니다. 이 책의 핵심적인 내용은 말씀을 듣고 잊어버리는 자가 되지 말라는 겁니다. 곧, 말씀을 듣고 행하는 자가 되어야 하는 것이지요. 하지만 그 속내는 훨씬 더 복잡합니다.

누가 말씀을 읽는 자입니까? 누가 말씀을 행하는 자입니까? 주님께서 말씀을 준 것이 어떻게 최고의 것을 준 겁니까?

일단 이런 질문에 대답하기에 앞서 이 책은 야고보서 1장 22~27절까지 이 본문에 대한 내용을 심층깊이 전달하고 있다는 것을 알고 있어야 합니다. 야고보 사도는 말씀을 듣고 행하지 않는다면, 거울로 자기의 생긴 얼굴을 보고도 곧 잊어버리는 사람과 같다는 겁니다.

바로 이 말씀에서 키르케고르는 "말씀은 거울과 같다"는 비유를 끌고 옵니다. 말씀은 거울입니다. 거울이 없다면 어떻게 우리 자신을 볼 수 있겠습니까? 자기 자신이 누구인지, 내가 어디로부터 왔는지 알기 위해서는 무엇을 보아야 합니까? 거울을 볼 수 있어야 합니다. 이런 점에서 말씀은 "영적 거울"인 겁니다.

이 거울이 없다면? 우리는 우리 자신을 알 수 없습니다. 이 기도가 밝힌 것처럼 주님은 이 선물을 거저 주셨습니다. 세상에 아무리 많은 지식을 알고 있다 해도 정작 자기가 누구인지 제대로 알지 못한다면 그건 다 무슨 소용이 있습니까?

결국 자기 자신에 대한 앎, 깨달음은 가장 중요한 지식인데, 이게 어디로부터 옵니까? 말씀을 볼 때 옵니다. 말씀은 거울이니까요. 이 선물을 거저 받았다는 것은 엄청난 특혜입니다. 하지만 주님은 그 이상을 할 수 없는 분이십니다.

기도에서 밝힌 것처럼, 주님은 말씀을 읽으라고 강요하지 않습니다. 들으라고, 사용하라고, 행하라고 강요하지 않습니다. 얼마나 온유한 분이십니까! 다만 말씀에 대한 갈증이 있는 사람, 그 사람은 적극적으로 도우십니다.

누가 말씀을 읽고 행하는 자인지에 대해 대답할 차례가 되었습니다. 이 부분에 대해 대답하자면, 참으로 안타까운 현실입니다. 왜냐하면 말씀을 제대로 읽는 사람이 많지 않기 때문입니다.

요는 이렇습니다. 대다수의 사람들은 말씀을 읽지 않습니다. 성경을 '고리타분한 책'으로 생각합니다. 이런 현실 속에서 그래도 말씀을 읽는 사람들은 자신이 말씀을 읽는 다고 "착각"합니다. 하지만 엄밀히 말해서 이것은 말씀을 읽는 것이 아닙니다. 또한 말씀을 학문적으로 연구하는 사람 역시 말씀을 읽는 것이 아니라고 말해야 합니다.

말씀이 거울이라면 이야기는 달라져야 합니다. 우리는 거울을 볼 때, 거울 속의 자기 자신을 보는 것이지 거울 자체를 "관찰"하지 않습니다. 거울만 관찰하고 있는 사람은 거울 속의 자신을 볼 수 없습니다. 말씀을 학문적으로 읽는 사람은 거울만 관찰하는 사람과 같아, 거울 속의 자기 자신을 볼 수 없다는 것이지요. 따라서 학문적으로 성경을 읽는 것은 하나님 말씀을 말씀으로 읽는 것이 아닙니다.

말씀을 객관적으로 공부하는 것을 나쁘다고 말하는 것은 아닙니다. 말씀 공부를 하십시오. 다만 그 다음 골방으로 들어가십시오. 말씀과 홀로 서십시오. 그러면 내가 말씀을 읽는 것이 아니라, 말씀이 나를 읽는 순간이 올 것입니다. 그때 해석자는 내가 아니고 말씀이 나를 더 잘 해석해줄 것입니다. 그 때 나는 해석하는 자가 아니라, 해석 당하는 자고 거울 속에 있는 자신을 보게 됩니다. 이 순간을 갖지 않는 한, 우리는 말씀 앞에서 행하는 자가 될 수 없다는 점을 명심하십시오.

적용

1. 나는 말씀을 어떻게 읽고 있습니까? 나는 성경을 단순히 지식적으로 읽고 있습니까, 아니면 내 삶을 비추는 거울로 읽고 있습니까?

_____

_____

_____

2. 나는 말씀을 '객관적인 연구의 대상'으로만 바라보며 분석하는 데 집중합니까, 아니면 그것이 내 삶을 해석하고 조명하도록 합니까?

_____

_____

_____

3. 나는 말씀을 듣고 행하는 자입니까? 나는 말씀을 듣고 감동을 받았지만, 실제로 변화된 것이 없는 경우가 얼마나 많습니까?

_____

_____

_____

4. 나는 하나님의 선물을 어떻게 대하고 있습니까? 하나님께서 거저 주신 말씀을 나는 얼마나 소중하게 여기고 있습니까?

_____

_____

_____

06 주님을 따르기 위한 기도

이미 모든 운명을 다 아셨던 주님,[3]
그러나 절대로 물러서지 않았던 주님,

주님,
당신은 비천과 가난 속에서 태어나셨습니다.[4]
그러나 비천과 가난 속에서 세상 죄를 지고 가셨습니다.[5]

결국 세상에서

---

3 이는 아마도 예수께서 자신의 고난과 죽음을 세 번 예언하신 것을 암시하는 것으로 보인다.

4 이 부분은 빌 2:6-11을 암시한다. 여기서 바울은 예수 그리스도에 대해 이렇게 말한다. "그는 자신을 낮추시고 종의 형상을 취하셔서 사람과 같이 되셨고, 사람의 모습으로 나타나셔서 자기를 낮추셨습니다."

5 [요1:29] 이튿날 요한이 예수께서 자기에게 나아오심을 보고 이르되 보라 세상 죄를 지고 가는 하나님의 어린 양이로다

조롱받고,[6] 비난받고, 버림받고(forladt),[7]

침 뱉음을 당하시며,[8]

심지어는

하나님께도 버림을 받았습니다.

결국 수치스러운 죽음으로

고개를 숙여야 했습니다.[9]

---

6   이는 예수가 공회에서 심문을 받기 전 지키고 있던 자들에 의해 '모욕
    당하셨다'는 것을 암시한다(누가복음 22:63,65); 또한 예수께서 로마
    총독의 군사들에게 '모욕당하신' 것(마태복음 27:29,31); 십자가에
    못 박힌 예수를 지나가던 사람들이 '모욕한' 것(마태복음 27:39); 대
    제사장들이 서기관들과 장로들과 함께 그가 십자가에 달려 있을 때
    '모욕한' 것(마태복음 27:41); 두 강도 중 한 명이 그를 '모욕한' 것(누
    가복음 23:39)을 가리킨다. 또한 예수께서 자신의 고난과 죽음을 예
    언하시며 "그가 이방인들에게 넘겨져 모욕당하고 능욕받고 침 뱉음
    당할 것이다"(누가복음 18:32, 1819년 신약성경)라고 말씀하신 부분
    을 참조하라.

7   이는 유다가 예수를 배신한 것(마태복음 26:14-16,48); 예수가 체
    포되었을 때 다른 모든 제자들이 그를 버리고 도망친 것(마태복음
    26:56); 그리고 예수가 대제사장의 공회에서 심문받을 때 베드로가
    그를 세 번 부인한 것(마태복음 26:69-75)을 암시한다.

8   이는 대제사장 공회에서 심문 중에 일부 사람들이 예수께 '침을 뱉기'
    시작한 것(마가복음 14:65, 1819년 신약성경)과, 로마 총독의 군사
    들이 예수께 '침을 뱉은' 것(마가복음 15:19, 1819년 신약성경)을 암
    시한다. 또한, 예수께서 자신의 고난과 죽음을 예언하시며 "그가 이
    방인들에게 넘겨져 모욕당하고 능욕받고 침 뱉음 당할 것이다"(누가
    복음 18:32)를 언급하신 부분을 참조하라..

9   요한복음 19장 25~30절에서 예수님이 "고개를 숙이고 영을 포기했
    다"(30절)는 예수님의 십자가 죽음에 대한 기록을 암시한다.

영원한 승리자[10]이신 주님,

주님은 살아서 적을 정복하지 못했으나,

죽으심으로 심지어는 죽음까지 정복했습니다![11]

주님은 고개를 다시 들었습니다.

그리고 하늘 높이 오르셨습니다!

주님,

우리도 당신을 따르게 하소서!

---

10 승리자: 이는 덴마크 주교이자 찬송가 작가인 토마스 킹고의 부활절 찬송가 "황금빛 태양 솟아오르네"(1689) 2절과 비교할 수 있다. "감사하라, 오 위대한 승리자여, / 감사하라, 생명의 천상의 영웅이여, / 죽음이 당신을 / 지옥의 어두운 장막에 가둘 수 없었도다! / 당신이 일어나사 / 죽음을 발아래 두셨나이다! / 그 기쁨을 / 온전히 찬양할 수 있는 혀는 없나이다." (토마스 킹고, Psalmer og aandelige Sange, P.A. 펭거 편집, 코펜하겐, 1827, 목록 203, 64번, 184-187쪽; 185쪽).

11 [고전15:55-58] "사망아 너의 승리가 어디 있느냐? 사망아 네가 쏘는 것이 어디 있느냐? 사망이 쏘는 것은 죄요 죄의 권능은 율법이라. 우리 주 예수 그리스도로 말미암아 우리에게 승리를 주시는 하나님께 감사하노니, 그러므로 내 사랑하는 형제들아 견실하며 흔들리지 말고 항상 주의 일에 더욱 힘쓰는 자들이 되라 이는 너희 수고가 주 안에서 헛되지 않은 줄 앎이라."
또한 로마서 6장 9절에서는 "우리가 알거니와, 그리스도께서 죽은 자 가운데서 살아나셨으니 다시는 죽지 아니하시고, 사망이 다시는 그를 주장하지 못할 것이요"라고 기록되어 있다. 더불어 디모데후서 1장 10절에서도 바울은 예수 그리스도께서 "사망을 멸하시고, 복음으로 생명과 썩지 않음을 드러내셨다"고 말한다.

Lord Jesus Christ, you who knew your fate beforehand and yet did not draw back, you who let yourself be born in poverty and lowliness and then, a sufferer, in poverty and lowliness carried the sin of the world until you, hated, forsaken, mocked, spat upon, finally even forsaken by God, bowed your head in that degrading death-but you lifted it again, you eternal victor, you who did not conquer your enemies in life but in death conquered even death! Forever victorious, you lifted your head again, you ascended one! Would that we might follow you

키르케고르의 이 기도는 예수님의 승리와 정복이 세상의 방식과 근본적으로 다르다는 점을 강조하고 있습니다. 이는 단순히 물리적 힘이나 외적인 성공으로 이룬 정복이 아니라, 철저한 자기 비움과 희생을 통해 얻은 승리입니다.

"이미 모든 운명을 아셨지만, 물러서지 않으신 주님"

기도의 첫 구절에서 키르케고르는 예수님께서 자신의 운명을 미리 아셨음에도 불구하고, 결코 물러서지 않으셨다는 점을 강조합니다. 이는 요한복음 18:4에서 예수님께서 "예수께서 그 당할 일을 다 아시고 나아가 이르시되…"라고 하신 말씀과 연결됩니다. 또한 마태복음 16:21에서도 예수님은 당신께서 고난당하고 죽을 것을 제자들에게 미리 말씀하셨습니다. 하지만 그는 피하거나 도망치지 않으셨고, 자신이 감당해야 할 길을 온전히 걸어가셨습니다. 이것이 세상의 정복과 다른 점입니다.

세상의 정복자들은 힘으로 상대를 제압하거나 책략으로 위기를 피하며 자신의 운명을 바꾸려 합니다. 그러나 예수님 은 피하지 않음으로써, 세상의 방식과 정반대의 길을 가셨습니다.

"비천과 가난 속에서 태어나셨고, 결국 세상에 버림받으신 주님"

기도의 다음 부분에서는 예수님의 낮아지심을 강조합니다. 예수님은 왕궁이 아니라, 말구유에서 태어나셨고 (눅 2:7), 가난한 목수의 아들로 살아가셨으며 (마 13:55), 그의 삶은 끊임없는 거절과 핍박 속에서 이루어졌습니다 (요 1:11 "자기 땅에 오매 자기 백성이 영접하지 아니하였으나"). 그러나, 키르케고르는 단순히 낮은 출신이나 가난을 강조하려는 것이 아닙니다. 예수님께서 세상의 죄를 지고 가셨기 때문에, 결국 조롱받고, 비난받고, 버림받고, 침 뱉음을 당하는 길을 가셨습니다. 심지어 하나님께도 버림받는 경험을 하셨습니다 (마 27:46 "엘리 엘리 라마 사박다니?").

이것이 그리스도인의 패러독스입니다. 사람들은 보통 승리는 높아지는 것이고, 패배는 낮아지는 것이라고 생각하지만, 예수님은 완전히 낮아지심으로써 가장 위대한 승리를 이루셨습니다.

"결국 수치스러운 죽음을 당하셨지만, 승리자가 되셨다"

예수님께서 당하신 십자가형은 당대 가장 치욕스러운 사형 방식이었습니다. 나무에 달려 죽는 자는 하나님께 저주받은 자 (신 21:23)라고 여겨졌고, 예수님은 가장 극심한 고통과 모욕 속에서 죽음을 맞이하셨습니다. 그러나, 키르케고르는 이것이 참된 승리의 과정이었다고 말합니다. 예수님은 살아서 적들을 정복한 것이 아니라, 죽음 이후에 부활하심으로 죽음을 정복하셨습니다. 이 승리는 세상의 방식이 아니라, 하나님의 방식이었습니다. 즉, 십자가는 패배가 아니라, 승리의 정점입니다.

이는 바울이 고린도전서 1:18에서 말한 것처럼, 십자가는 세상에서는 미련하게 보이지만, 믿는 자들에게는 하나님의 능력이기 때문입니다. 또한, 빌립보서 2:6-11에서 바울은 예수님의 낮아지심과 결국 높아지심이 하나님께서 정하신 승리의 방식이라고 설명합니다.

"우리도 당신을 따르게 하소서"

키르케고르는 승리가 무엇인지를 깊이 묵상하면서, 결국 그리스도인이 걸어가야 할 길도 예수님의 길을 따르는 것이라고 강조합니다. 세상의 승리는 힘과 권력을 얻는 것이지만, 기독교적 승리는 스스로를 비우고, 낮아지며, 십자가를 지는 것입니다. 따라서, 이 기도의 마지막은 그 길을 우리도 따를 수 있도록 해달라는 간구입니다. 예수님처럼 세상의 영광이 아니라, 십자가의 길을 따르는 삶을 살게 해달라는 것입니다. 세상의 방식이 아니라, 하나님의 방식으로 승리하는 삶을 살게 해달라는 소망입니다.

결론 – 이것이 왜 참된 정복인가?

키르케고르가 말하는 승리와 정복은 단순한 세속적인 개념이 아닙니다. 그는 십자가를 통한 승리가 참된 정복이라고 강조합니다. 예수님은 로마의 황제처럼 군사적 정복을 한 것이 아니라, 자신을 희생함으로써 인간과 죽음과 죄를 정복하셨습니다. 이것이 기독교적 승리의 패러독스입니다.

낮아짐이 높아짐이 되고,

죽음이 생명이 되고,

십자가가 왕좌가 되는 것입니다.

그러므로, 이 기도는 우리에게 세상의 승리 개념을 다시 생각하게 만듭니다. 우리는 삶에서 '승리'를 어떻게 정의하고 있는가? 우리가 생각하는 성공이 정말로 예수님이 가신 길과 같은가? 우리는 십자가의 승리를 따르고 있는가, 아니면 세상의 성공을 따르고 있는가? 이 기도는 우리를 참된 승리의 길, 즉 예수 그리스도를 따르는 길로 초대하고 있습니다.

이 기도는 『자기 시험을 위하여』 2부에 나옵니다. 2부의 제목은 "그리스도는 길이다"입니다. 이 글은 예수 그리스도의 탄생부터 승천일까지의 기록을 서술하고 있습니다. 이 글을 읽다보면 주님이 얼마나 힘든 고난의 길을 갔는지 알게 될 것입니다. 주님은 이 세상에 영광을 받으러 오신 분이 아닙니다.

적용

1. 나는 예수님처럼 하나님께서 정하신 길을 알고 있음에
   도, 두려워서 물러서거나 피하려 한 적이 있습니까?

   _____

   _____

   _____

2. 예수님께서는 비천한 자리에서 태어나셨고, 결국 버림받
   으셨습니다. 나는 낮아지는 삶을 기꺼이 받아들일 준비
   가 되어 있습니까?

   _____

   _____

   _____

3. 예수님께서 죽음을 이기고 부활하셨듯이, 나는 현재의
   고난 속에서도 부활의 소망을 품고 살아가고 있습니까?

   _____

   _____

   _____

4. 세상이 추구하는 성공과, 하나님께서 말씀하시는 승리
   사이에서 나는 무엇을 선택하고 있습니까?

   _____

   _____

   _____

07 생명을 주는 영의 축복

오, 성령님,
생명을 주시는 주여,[12]

우리가 함께 모인 이 자리,
말하는 자와 듣는 자를 축복하소서.

주님의 도움으로
이 말씀이 마음에서 새롭게 하소서.
또한 마음 깊은 곳까지 들어오게 하소서!

---

12   요한복음 6:63을 암시한다. "살리는 것은 영이니 육은 무익하니라
내가 너희에게 이른 말은 영이요 생명이라"

0 Holy Spirit, you who give life, bless also this, our coming together, the speaker and the listener. With your help this will come fresh from the heart; let it also go to the heart!

해설

이 기도는 사도행전 2장 1-12절을 염두에 두고 쓴 기도문인 것처럼 보입니다. 오순절에 제자들이 함께 모였을 때, 성령님의 임재가 나타납니다. 제자들은 성령이 충만하여 각각 방언으로 말하기를 시작합니다. 그때 말하는 사람과 듣는 사람은 하나가 됩니다.

이 기도는 『자기 시험을 위하여』 제3부에 등장하는 기도로, "거룩한 정신(성령)"과 "세계 정신(시대정신)"에 대한 변증이요, 성령의 임재입니다.

우리는 시대정신을 믿습니다. 길을 나가보십시오. 얼마나 많은 사람들이 시대정신을 믿고 있는가를 확인해보십시오. 키르케고르는 심지어 이런 시대정신이 기독교가 말하고 있는 "귀신"이라는 겁니다. 이와는 달리, 그리스도인은 거룩한 정신을 믿는다는 겁니다. 바로 이 거룩한 정신이 성령입니다.

이 성령은 언제 오십니까? 키르케고르는 요한복음 6:63을 인용하면서, 성령은 생명을 주시는 영이라고 말합니다. 하지만 우리가 세상에 대하여 죽고, 우리의 이기심에 대하여 죽지 않는 한, 생명을 주는 영은 오시지 않는다고 말합니다.

이런 식으로 생명을 주는 영의 통치를 받을 때, 우리의 사고방식과 우리의 행동은 달라집니다. 시대정신에 길들여지는 것이 아니라, 거룩한 정신에 길들여집니다. 그때 우리가 싸우는 싸움도 달라집니다. 우리는 세상을 얻기 위해 싸우지 않습니다. 세상을 이기기 위해 싸웁니다. 그렇다면, 믿는 자는 세상을 어떻게 이깁니까?

시대정신은 이기심을 통해서만 사람들에게 영향력이 있습니다. 이기심을 통해서만 사람들을 통치합니다. 하지만 이기심에 대하여 죽은 사람, 그리하여 세상에 대하여 죽은 사람은 시대정신이 통치할 수 없습니다. 이런 방식으로 세상을 이깁니다.

거룩한 정신이 통치할 때, 가장 중요한 것은 우리가 새 생명을 얻게 된다는 것이지요. 성령은 생명을 주시는 영이기 때문입니다. 따라서 생명을 주는 영이 주는 생명은 단지 살아 있는 육체의 생명의 연장이 아닙니다. 말 그대로, 새로운 생명입니다.

이 거룩한 정신이 언제 옵니까? 먼저 우리가 세상에 대하여, 이기심에 대하여 죽었을 때입니다. 그렇다면 세상의 육체적 죽음과 영적 죽음 중 무엇이 더 끔찍할까요? 육체의 죽음은 한 번 죽으면 끝입니다. 반대로 영적 죽음은 날마다 죽어야 합니다! 이런 점에서 키르케고르는 육체의 죽음은 아무 것도 아니라는 겁니다. 영적 죽음은 실로 날마다 죽는 경험이기 때문입니다. 당신은 영적으로 죽은 자입니까?

"기독교는 돌팔이 의사가 아니다. 돌팔이 의사는 즉시 당신에게 봉사하며, 즉시 치료법을 적용하고 모든 것을 망친다. 하지만 기독교는 치료법을 적용하기 전에 기다린다. 기독교는 영원의 도움으로 온갖 자질구레한 질병을 고치지 않는다. 이것은 기독교가 자기모순일 뿐만 아니라 불가능한 일이다.

기독교는 이 병이 영원을 적용해야 할 경우만, 바로 이 지점에, 다시 말해 당신이 죽어야 하는 곳에서 병을 고친다.

따라서 기독교가 스스로 허튼 짓을 하지 않도록(인간이 너무 열망하여 버티는 짓), 기독교가 허튼 짓을 하는 당신을 승인하는 일이 없도록 돕는 것이 기독교의 가혹함이다."(『자기 시험을 위하여』, 143-4쪽)

출처: 『자기 시험을 위하여』 이창우 역 (서울: 샘솟는기쁨, 2018), 130.

1. 나는 '거룩한 정신(성령)'과 '시대정신' 중 무엇을 따르고
   있습니까?

   _____

   _____

   _____

2. 나는 성령의 생명을 경험하고 있습니까? 성령님은 '생명
   을 주시는 영'이십니다. 나는 이 새로운 생명을 진정으로
   경험하고 있습니까?

   _____

   _____

   _____

3. 나는 '이기심에 대하여 죽은 사람'인가요? 시대정신은 '이기심'을 통해 사람들을 통치합니다. 나는 이기심을 내려놓고 성령의 통치 하에 있습니까?

_____

_____

_____

4. 나는 '세상을 얻기 위해' 삽니까, 아니면 '세상을 이기기위해' 삽니까?

_____

_____

_____

08 성령님께 의지하기 위한 기도

오, 성령님이여,
우리 자신을 위해, 모든 사람들을 위해,
기도합니다.

오, 성령님이여,
생명을 주는 영이시여

여기에
능력이 부족한 것도,
교육이 부족한 것도,
지혜가 부족한 것도,
아닙니다.

오히려 이런 것들은 너무나 많습니다.

필요한 것은,

당신께서 우리를 타락하게 하는 것은 무엇이든 가져가는 겁
니다.

필요한 것은,
우리의 능력을 빼앗고 생명을 주시는 겁니다.

당신께서 능력이 되기 위해 사람에게서 능력을 빼앗을 때,
그는 확실히 죽음의 떨림과 같은 그런 떨림을 경험합니다.

오, 그러나
동물들도 일련의 순간에 왕실 마부가 고삐를 잡을 때,
그들에게 얼마나 유익한지 이해한다면,
이것이 처음에는 그들에게 떨게 할지라도,
그들이 처음에는 반항할지라도,
아무 소용이 없습니다!

당신께서 능력을 빼앗아 가고 생명을 줄 때,
그것이 얼마나 큰 축복인지,

하물며 사람이라면,
빠르게 이해할 수 있지 않겠습니까!

O Holy Spirit-we pray for ourselves and for all people-O Holy Spirit, you who give life, here there is no want of capabilities, nor of education, nor of sagacity-indeed, there may rather be too much. But what is wanting is that you take away whatever is corrupting to us, that you take power away from us and give life. Certainly a person experiences a shudder like death's shudder when you, in order to become the power in us, take power away from him. Oh, but if even animals at a later moment understand how good it was for them that the royal coachman took the reins, although it surely made them shudder at first and they at first rebelled, but in vain-should not a human being quickly be able to understand what a blessing it is to him that you take the power and give life!

출처: 『자기 시험을 위하여』 이창우 역 (서울: 샘솟는기쁨, 2018), 157.

이 기도는 성령의 역사하심과 인간의 능력의 관계를 깊이 묵상하는 내용입니다. 키르케고르는 이 기도를 통해 성령께서 인간의 능력을 빼앗고, 대신 생명을 주시는 것이 진정한 축복임을 강조합니다. 이것은 세상의 논리와는 정반대의 패러독스이며, 기독교 신앙의 본질과 연결됩니다.

인간의 문제는 능력과 지혜의 부족이 아니다

키르케고르는 기도에서 '능력이 부족한 것도, 교육이 부족한 것도, 지혜가 부족한 것도 아니다'라고 말합니다. 우리는 종종 능력, 지혜, 교육이 부족하기 때문에 성공하지 못하고, 신앙이 연약하다고 생각합니다. 그러나 키르케고르는 오히려 이러한 것들이 너무나 많다고 말합니다. 즉, 인간의 문제는 더 많은 지혜, 더 많은 능력, 더 나은 교육이 없는 것이 아니라, 그것들이 너무 많아서 오히려 하나님을 의지하지 않는 것입니다.

이것은 바울이 고린도전서 1:25에서 말한 것과 연결됩니다. "하나님의 어리석음이 사람보다 지혜롭고, 하나님의 약하심이 사람보다 강하니라." 우리는 우리의 능력이 강할수록 하나님을 덜 의지하려는 경향이 있습니다. 우리의 능력과 지혜가 오히려 우리의 타락을 부추길 수 있다는 것입니다. 그래서 필요한 것은, 성령께서 인간의 힘을 거두어 가시는 것입니다.

성령께서 우리의 능력을 빼앗아 가시는 이유

기도의 핵심은 성령께서 인간의 능력을 빼앗아 가시는 것이 오히려 축복이라는 점입니다. 인간은 자신이 가진 능력과 지혜를 자기중심적으로 사용하려는 경향이 있습니다. 그래서 성령께서는 우리의 능력을 거두어 가시고, 대신 '생명'을 주십니다. 여기서 '생명'은 단순한 육체적 생명이 아니라, 하나님과 연결된 새로운 삶을 의미합니다. (요한복음 6:63 "살리는 것은 영이니, 육은 무익하니라.")

그러나 문제는, 이 과정이 인간에게 고통스럽게 느껴진다는 것입니다. 우리의 능력이 약해지는 것을 경험할 때, 우리는 마치 "죽음과 같은 떨림"을 느낍니다. 키르케고르는 이것이 처음에는 두렵고 불안할 수 있지만, 궁극적으로는 더 큰 축복이 된다고 말합니다.

'왕실 마부와 말'의 비유

기도에서 키르케고르는 '왕실 마부가 고삐를 잡는 순간'을 언급합니다. 말들은 자유롭게 뛰어다니다가, 마부가 고삐를 잡는 순간 처음에는 저항하고 떨 수 있습니다. 그러나 결국 그들에게 가장 유익한 것은, 마부가 그들을 올바른 길로 인도하는 것입니다. 처음에는 두려울지라도, 이것이 결국 유익하다는 것을 말들도 이해하게 됩니다.

이 비유는 우리와 하나님과의 관계를 나타냅니다. 우리는 자기 능력을 의지하며 살아가려 하지만, 하나님께서 우리를 인도하시기 위해 우리의 능력을 내려놓도록 만드실 때,

우리는 처음에는 당황하고 두려워합니다. 하지만 결국에는 그분이 우리의 주인이시며, 우리의 길을 가장 안전하고 완전하게 인도하신다는 것을 깨닫게 됩니다.

이것은 예수님께서 마태복음 11:29-30에서 말씀하신 것과 연결됩니다. "나는 마음이 온유하고 겸손하니 나의 멍에를 메고 내게 배우라. 그러면 너희 마음이 쉼을 얻으리니, 이는 내 멍에는 쉽고 내 짐은 가벼움이라."

참된 축복은 '능력을 잃는 것'이 아니라, '생명을 얻는 것'

기도의 마지막 부분에서, 키르케고르는 성령께서 우리의 능력을 빼앗아 가시는 것이 결국 가장 큰 축복이라고 말합니다. 인간은 자기 능력을 의지하려는 본성이 있지만, 하나님은 그 능력을 내려놓도록 하십니다. 그리고 그 자리에 새로운 생명, 즉 성령께서 주시는 진정한 삶이 들어옵니다.

이것이 바로 바울이 고린도후서 12:9에서 고백한 내용과 같습니다. "내 은혜가 네게 족하도다. 이는 내 능력이 약한 데서 온전하여짐이라." 우리의 능력이 약해질 때, 하나님께서 가장 강하게 역사하십니다. 이것이 참된 영적 승리의 원리입니다.

결론: 이 기도가 의미하는 것

이 기도는 세상의 방식과 하나님의 방식이 얼마나 다른지를 보여줍니다. 세상은 더 많은 능력, 더 많은 지혜, 더 많은 교육을 추구하지만, 하나님은 우리의 능력을 내려놓고, 오직 성령의 능력으로 살아가도록 인도하십니다. 키르케고르는 우리의 능력을 내려놓는 것이 오히려 가장 큰 축복임을 강조합니다. 우리가 하나님께 전적으로 의지할 때, 진정한 자유와 생명을 얻게 됩니다. 처음에는 두렵고 불안할 수 있지만, 결국에는 이것이 참된 길임을 깨닫게 됩니다.

따라서 이 기도는 우리에게 이렇게 도전합니다. "나는 내 능력을 내려놓고, 성령께서 주시는 새로운 생명으로 살아가고 있는가?"

1. 나는 내 능력을 신뢰하고 있습니까, 아니면 성령을 의지하고 있습니까? 나는 내 능력, 지혜, 교육이 부족해서 문제라고 생각하고 있지는 않은지요?

_____

_____

_____

2. 나는 성령께서 나를 변화시키시도록 내어드리고 있습니까? 아니면 아직도 야생마입니까?

_____

_____

_____

3. 나는 내 능력을 내려놓아야 하는 순간을 손해라고 느낍니까? 아니면 하나님께서 주시는 더 큰 생명의 기회라고 생각합니까?

_____

_____

_____

4. 나는 성령님께서 주시는 '새로운 생명'으로 살아가고 있습니까?

_____

_____

_____

09 우리가 술 깨게 하소서

하늘에 계신 아버지!
당신은 성령이십니다.

당신을 예배하기를 바라는 자들은
영과 진리로 예배해야 합니다.[13]

그러나 주님,
만약 우리가 무엇보다 술 깨기 위해 분투하지 않는다면,
어떻게 영과 진리로 예배할 수 있겠습니까!
그때 주님의 성령을 우리 마음 가운데 보내주소서.[14]

---

13   이는 요한복음 4장 7-26절에 나오는 예수와 야곱의 우물(또는 야곱의 샘) 곁에서 사마리아 여인과의 대화를 암시한다. 여기서 예수께서는 그녀에게 "하나님은 영이시니 예배하는 자가 영과 진리로 예배할지니라"(요한복음 4:24, 1819년 신약성경)라고 말씀하신다. 또한, 다음을 참고하라.
[갈4:6] "너희가 아들이므로 하나님이 그 아들의 영을 우리 마음 가운데 보내사 아빠 아버지라 부르게 하셨느니라"

14   "주님의 성령을 우리의 마음 가운데 보내주소서": 이는 성령강림절의 기도문과 비교됩니다. 기도문은 이렇게 시작합니다: "오 주 예수 그리스도, 전능하신 하나님의 아들이시여! 우리는 당신께 기도하오

오, 우리가 성령님이 자주 오셔서
용기, 생명, 능력과 힘을 가져다 주시길 요구합니다.

그러나 무엇보다 성령님이여 우리가 술 깨게 하소서.

이것은 진실로 다른 모든 것의 조건입니다.
또한 이것은 우리에게 유익이 되는 것들의 조건이기도 합니다.

오, 무엇보다 성령님이 우리가 술 깨도록 도우소서.

니, 당신의 말씀으로 인해 우리 마음에 성령을 주시어, 우리를 당신의 뜻에 따라 인도하고 다스리시며, 모든 유혹과 불행 속에서 우리를 위로하고, 모든 잘못된 길로부터 보호하시어, 우리가 믿음에 굳건히 서게 하시고 사랑과 선한 행위에서 성장하게 하시며, 당신의 죽음을 통해 얻은 은혜를 확신하며 영원한 구원에 이르게 하소서. 성부와 성령과 함께 다스리시는 한 분 참 하나님, 영원부터 영원까지. 아멘!"
(Forordnet Alter-Bog, 97쪽).

Father in heaven! You are Spirit, and they who wish to worship you must worship you in spirit and truth. but how in spirit and truth if we are not or do not first of all really strive to become sober! Send, then, your Spirit into our hearts. Oh, so often we call upon your Spirit to come and bring courage and life and power and strength, but might it first of all-and this is indeed the condition for everything else and for its being of benefit to us-but might it first of all make us sober!

출처: 『스스로 판단하라』 이창우 역 (서울: 샘솟는기쁨, 2017), 15.

이 기도에서 키르케고르는 '영과 진리로 예배하는 것'과 '술 깨어 있는 상태'를 깊이 연결하고 있습니다. 이 기도는 요한복음 4:24을 바탕으로 하며, 성령께서 우리를 영적으로 깨우지 않으시면, 참된 예배도 불가능하다는 인식을 담고 있습니다.

영과 진리로 예배해야 하는데, 우리는 '술 취한 상태'에 있다

기도의 첫 부분에서 키르케고르는 하나님을 예배하는 자는 영과 진리로 예배해야 한다고 선언합니다(요 4:24). 하나님은 영이시므로, 우리의 예배도 단순한 형식적 행위가 아니라 진정으로 성령을 통한 예배여야 합니다. 하지만, 우리의 문제는 영과 진리로 예배하지 못하게 하는 '무언가'가 있다는 것입니다.

그 '무언가'가 무엇인가요? 바로 '술 취한 상태'입니다. 여기서 말하는 '술'은 단순한 알코올이 아니라, 영적인 둔감함과 무감각함을 뜻합니다. 마치 술에 취한 사람이 현실을 제대로 인식하지 못하는 것처럼, 우리는 영적으로 흐려진 상태에서는 하나님을 예배하려고 하여도, 그것이 불가능하다는 것입니다. 즉, 우리가 영적으로 깨어 있지 않다면, 우리의 예배는 참된 예배가 될 수 없습니다.

성령님께 무엇을 구하고 있는가?

키르케고르는 우리가 성령께 용기, 생명, 능력, 힘을 달라고 자주 기도한다고 지적합니다. 우리는 흔히 성령님께서 우리에게 강함과 능력을 주시길 바랍니다. 그러나 그보다 더 중요한 것은 먼저 영적으로 깨어나는 것입니다.

키르케고르는 이것이 "다른 모든 것의 조건"이라고 말합니다. 우리는 성령의 능력만을 구하지만, 정작 깨어 있는가를 고민하지 않습니다. 영적으로 깨어 있지 않다면, 하나님께서 주시는 모든 것들이 우리의 삶에서 제대로 역사할 수 없습니다.

이것은 예수님께서 마가복음 14:38에서 하신 말씀과 연결됩니다. "시험에 들지 않게 깨어 기도하라. 마음에는 원이로되 육신이 약하도다." 즉, 우리는 먼저 '깨어남'을 구해야 하며, 이것이 없이는 어떤 능력도 우리에게 진정한 유익이 될 수 없다는 것입니다.

'술 깨는 것'이란 무엇인가?

이 기도에서 '술 깨는 것'은 단순히 금주를 의미하는 것이 아닙니다. 그것은 영적인 무감각함에서 벗어나는 것을 뜻합니다. 하나님을 향한 열망이 희미해지고, 죄에 둔감해지고, 세상의 유혹과 쾌락에 빠져서 하나님을 잊어버리는 상태—이것이 '술 취한 상태'입니다.

키르케고르는 성령님께서 우리를 이 '취함'에서 깨우시는 것이 가장 근본적인 축복이라고 말합니다. 세상의 가치관과 욕망에 취해 있다면, 우리가 아무리 성령의 능력을 구해도 그것을 바르게 사용할 수 없습니다. 성령님께서 먼저 우리의 눈을 뜨게 하셔야, 우리가 진정으로 하나님을 찾고, 올바르게 예배할 수 있습니다.

이것은 바울이 에베소서 5:14에서 말한 내용과 같습니다. "잠자는 자여, 깨어서 죽은 자들 가운데서 일어나라. 그리스도께서 너를 비추시리라."

왜 이것이 가장 중요한 기도인가?

키르케고르는 '술 깨는 것'이 다른 모든 것의 조건이라고 강조합니다. 우리가 먼저 깨어나야 하나님께서 주시는 능력과 축복을 제대로 받을 수 있기 때문입니다. 우리가 영적으로 잠든 상태에서 아무리 기도를 해도, 그것은 진정한 유익이 될 수 없기 때문입니다.

이는 예수님의 마태복음 25장의 열 처녀 비유와도 연결됩니다. 슬기로운 다섯 처녀는 기름을 준비하여 영적으로 깨어 있었지만, 미련한 다섯 처녀는 잠들어 있다가 신랑을 맞

이하지 못했습니다. 성령의 기름 부으심과 능력은 중요하지만, 그보다 더 중요한 것은 우리가 준비되고 깨어 있는 것입니다.

결론: 이 기도가 의미하는 것

이 기도는 우리가 성령을 구하는 태도 자체를 다시 점검하게 만듭니다. 우리는 성령님께 능력과 축복을 구하기 전에, 먼저 '영적으로 깨어 있는지'를 돌아보아야 합니다. 하나님께서 주시는 능력을 받을 준비가 되어 있지 않다면, 그것이 오히려 무익할 수 있습니다.

따라서, 가장 중요한 기도는 '성령님, 우리를 깨우소서!'라는 것입니다. 이것이 없이는, 우리는 영과 진리로 예배할 수도, 하나님께서 주시는 축복을 온전히 받을 수도 없습니다. "주님, 무엇보다도 먼저 우리가 깨어 있도록 도와주소서."

1. 나는 영적으로 깨어 있습니까, 아니면 취해 있습니까? 나는 하나님을 예배할 때, 진정으로 영과 진리로 예배하고 있습니까? 혹시 내 신앙이 습관적이고 형식적인 것은 아닌가요?

_____

_____

_____

_____

2. 나는 성령을 어떻게 구하고 있습니까? 성령님께 능력과 축복만을 구하고 있지는 않습니까? 성령께서 나를 먼저 깨우시도록 기도하고 있습니까?

_____

_____

_____

_____

3. 예수님께서는 "시험에 들지 않게 깨어 기도하라"(막
14:38)고 말씀하셨습니다. 나는 날마다 영적으로 깨어
기도합니까? 단순히 문제 해결을 위한 기도만 하고 있지
는 않습니까?

_____

_____

_____

_____

10 오직 주님을 따르는 길에서 흔들릴 때

주 예수 그리스도시여,

주께서 "어떤 사람도 두 주인을 섬길 수 없다"[15]라고 말씀하신 것은 우리 인간을 괴롭히려고 한 것이 아니고 우리를 구원하려고 하신 겁니다.

이 말씀에 부응하여 행함으로써,

즉 주님을 따름으로써 우리가 이 말씀을 지키도록 하소서!

우리 모두를, 우리 각 사람을 도와주소서!

행할 수 있는 능력과 의지가 있는 주님,

모범이자 구속자이신 주님,

결국 구속자이면서 모범이신 주님,[16]

---

15 [마6:24] 한 사람이 두 주인을 섬기지 못할 것이니 혹 이를 미워하고 저를 사랑하거나 혹 이를 중히 여기고 저를 경히 여김이라 너희가 하나님과 재물을 겸하여 섬기지 못하느니라

16 키르케고르는 자신의 여러 일기에서 그리스도를 모범(Forbilledet)이자 화해자(Forsoneren)로 보는 관계에 대해 설명했다. 예를 들어,

그리하여 노력하는 자가 거의 절망하여 산산조각 날 때,

모범로 인해 의기소침하게 될 때,

구세주이신 주님, 그를 다시 일으켜 세워주소서.

같은 순간에 모범이 되어 주셔서,

그가 다시 노력하는 곳에 머물게 하소서.

오 구세주여,

주님의 거룩한 고난과 죽음으로 인해,

주님은 모든 사람과 모든 것들의 만족이 되셨습니다.[17]

1849년 봄의 일기 기록 NB10:56(SKS 21, 285쪽)와 1850년 7월의 NB20:23(SKS 23, 404쪽), 1850년 9월경의 NB20:148에서 그는 "모범"이라는 제목 아래 다음과 같이 썼다.

"예수 그리스도께서 살아 계셨을 때 그는 분명 모범이셨다. 믿음의 과제는 하나님이자 인간인 그 한 사람에게 실족하지 않고 믿으며 그를 따르는, 즉 제자가 되는 것이다. 그러다가 그리스도께서 돌아가신다. 이제 사도 바울을 통해 본질적인 변화가 일어난다. 그는 그리스도의 죽음을 속죄의 죽음으로서 강조하며, 믿음의 대상은 그리스도의 속죄의 죽음이 된다. 이로써 모범은 모범으로서 어느 정도 멀어진다. 그리스도께서 살아 계시고 지상에 존재했을 때, 존재는 마치 산산이 부서진 것 같았으니, 절대적인 것은 항상 존재를 산산이 부수기 때문이다. 이제 변화가 일어난다. 모범은 이제 그 죽음, 즉 속죄의 죽음이 특히 강조된다.

사도가 이 교리를 전하면서도 그의 삶은 그리스도를 따르는 삶을 표현한다. 그러나 사도가 자신의 모범 따르기를 통해 그리스도에 도달할 수 있다고 주장하는 것으로 오해되지 않도록, 그는 제자로서의 삶보다는 모범의 속죄의 죽음에 결정적으로 주목하도록 한다." (SKS 23, 469쪽).

17 이는 그리스도의 대리적 만족(또는 대속적 만족)에 대한 교리를 암

영원한 구원은
얻을 수도 없고,
얻을 필요도 없으며,
이미 얻었습니다.

그러나 인류와 모든 개인을 위한 거룩한 모범이신 주여,
주님은 발자국을 남겨놓으셨습니다.[18] 주님의 속죄로 말미암
아 구원받은 사람은 매 순간마다 주님을 따르기 위해 노력할
수 있는 담대함과 확신을 발견하게 됩니다.

시한다. 즉, 하나님의 아들로서 그리스도는 자신의 자발적인 고난과
죽음을 통해 인간의 죄로 인한 하나님의 심판적 분노를 만족시키고
화해를 이루셨으며, 인간이 죄로 인해 감당해야 할 죽음의 형벌을 대
신 감당하셨다는 것이다. 이로써 인간은 구원받고 생명을 누릴 수 있
게 된다.

이는 성찬 후에 낭독되는 축복 말씀과도 유사하다: "이제 여러분에
게 그의 거룩한 몸과 피로 성찬을 베푸신 십자가에 못 박히시고 다
시 살아나신 예수 그리스도께서, 여러분의 모든 죄를 위해 만족을 이
루셨습니다. 그분께서 여러분을 진정한 믿음 안에서 영원한 생명으
로 강건히 하시고 지켜 주시기를 바랍니다!" (Forordnet Alter-Bog,
254쪽).

18   이는 베드로전서 2장 21절을 암시한다. "이를 위하여 너희가 부르심
을 받았으니, 그리스도께서도 우리를 위하여 고난을 받으사 우리에
게 본을 남기사 너희로 그의 발자취를 따라오게 하려 하셨느니라"

Lord jesus Christ, it was not to torment us human beings but to save us that you said the words "No one can serve two masters." Would that we might be willing to comply with them by doing accordingly-that is, by following you! Help us all, each one of us, you who both will and can, you who are both the prototype and the Redeemer, and in turn both the Redeemer and the prototype, so that when the striving one droops under the prototype, crushed, almost despairing, the Redeemer raises him up again; but at the same moment you are again the prototype so that he may be kept in the striving. O Redeemer, by your holy suffering and death you have made satisfaction for everyone and everything; no eternal salvation either can or shall be earned-it has been earned. Yet you left your footprints, you, the holy prototype for the human race and for every individual, so that by your Atonement the saved might at every moment find the confidence and boldness to want to strive to follow you.

출처: 『스스로 판단하라』 이창우 역 (서울: 샘솟는기쁨, 2017), 97.

이 기도는 예수님의 말씀을 실천하는 것의 어려움과, 그 어려움을 극복하도록 도우시는 구세주로서의 예수님을 묵상하는 내용입니다. 특히, 마태복음 6:24 ("어떤 사람도 두 주인을 섬길 수 없다")을 중심으로, 신앙의 결단과 실천, 그리고 예수님의 역할을 강조합니다.

"두 주인을 섬길 수 없다"는 말씀이 주어진 이유

기도의 첫 부분에서 키르케고르는 예수님의 말씀이 인간을 괴롭히기 위한 것이 아니라, 구원하기 위한 것이라고 말합니다. 마태복음 6:24에서 예수님은 "너희가 하나님과 재물을 겸하여 섬길 수 없다"고 말씀하셨습니다. 이 말씀은 우리의 마음이 둘로 나뉘어서는 참된 신앙을 가질 수 없음을 경고하는 것입니다. 하지만 키르케고르는 이 말씀이 부담이 아니라, 우리의 구원을 위한 것임을 강조합니다. 왜냐하면, 두 주인을 섬기는 삶은 혼란과 분열을 초래하며, 결국 우리를 파괴하기 때문입니다. 따라서 온전히 하나님만을 섬기는 것이 오히려 우리를 자유롭게 하는 길입니다.

이것은 요한복음 8:32 ("진리를 알지니 진리가 너희를 자유롭게 하리라")의 말씀과도 연결됩니다. 즉, 하나님을 전적으로 섬기는 것이 우리의 짐을 덜고, 신앙의 길에서 방황하지 않도록 돕는 길입니다.

"이 말씀을 지키게 하소서!" - 신앙의 실천과 결단

기도는 단순히 예수님의 말씀을 이해하는 것에서 멈추지 않고, 그 말씀을 실제로 행하는 것이 중요함을 강조합니다.

- "이 말씀에 부응하여 행함으로써"―신앙은 단순한 지적 동의뿐만 아니라, 행동을 포함해야 합니다.

- "즉, 주님을 따름으로서"―신앙을 실천하는 것은 결국 예수님을 따르는 삶을 의미합니다.

- "우리가 이 말씀을 지키게 하소서!"―이를 위해 하나님의 도우심을 간구합니다.

예수님을 따른다는 것은 단순한 선택이 아니라, 삶의 전반적인 방향이 바뀌는 결단을 의미합니다. 이는 예수님께서 누가복음 9:23에서 말씀하신 것과 같습니다. "아무든지 나를 따라오려거든 자기를 부인하고 날마다 자기 십자가를 지고 나를 따를 것이니라."

하지만 이 길은 결코 쉽지 않기 때문에, 우리 각 사람을 도와달라는 기도가 이어집니다. 신앙은 단독자의 여정이지만, 각자가 그 길을 걸어갈 수 있도록 주님의 도우심이 필요합니다.

"모범이자 구속자"이신 예수님

기도의 중간 부분에서 키르케고르는 예수님의 이중적 역할을 강조합니다. 예수님은 "모범"이자 "구속자"이십니다. 하지만, 더 중요한 것은 예수님께서 '구속자'이면서 '모범'이 되신다는 것입니다. 즉, 예수님은 단순히 우리가 따라야 할 이상적인 모범이 아니라, 우리를 구속하시기 때문에 우리가 그 모범을 따를 수 있도록 도우시는 분입니다.

이것이 중요한 이유는, 예수님이 단순한 모범이라면, 우리는 그분을 따라가야 하지만, 실패할 때 쉽게 낙심할 수 있습니다. 하지만 예수님이 구속자이시기 때문에, 우리가 실패하고 낙심할 때 다시 일으켜 세워주십니다. 즉, 신앙의 여정에서 넘어질 때마다, 예수님은 다시 일어서도록 도우시는 분이라는 것입니다.

이는 히브리서 4:15-16에서 강조하는 내용과 연결됩니다. "우리에게 있는 대제사장은 우리의 연약함을 동정하지 못하실 이가 아니요… 그러므로 우리는 긍휼하심을 받고 때를 따라 돕는 은혜를 얻기 위하여 은혜의 보좌 앞에 담대히 나아갈 것이니라."

노력하는 자의 절망과 다시 일어섬

키르케고르는 신앙을 실천하려 노력하는 과정에서 절망할 수밖에 없는 현실을 인정합니다.

- "노력하는 자가 거의 절망하여 산산조각 날 때"—신앙의 길은 쉬운 길이 아닙니다.
- "모범으로 인해 의기소침하게 될 때"—예수님의 완전한 모범을 보면, 우리는 우리의 연약함을 느끼고 낙심할 수 있습니다.

하지만, 예수님은 단순히 모범이 아니라 구속자이시기에, 다시 일어날 수 있도록 도와주십니다. 예수님은 넘어진 자를 다시 일으켜 세우시는 분이십니다. "같은 순간에 모범이 되어 주셔서, 그가 다시 노력하는 데 머물게 하소서." 예수님께서 우리의 구속자가 되실 때, 우리는 단순히 실패한 채 끝나는 것이 아니라, 다시 노력할 수 있는 힘을 얻게 됩니다.

이는 이사야 40:31에서 하나님께서 약속하신 것과 같습니다. "오직 여호와를 앙망하는 자는 새 힘을 얻으리니 독수리가 날개 치며 올라감 같을 것이요, 달려가도 곤비하지 아니하겠고 걸어가도 피곤하지 아니하리로다." 즉, 신앙의 길에서 낙심하고 넘어질지라도, 예수님께서는 우리를 다시 일으키시는 분이라는 것입니다.

"주님의 거룩한 고난과 죽음으로 인해, 주님은 모든 사람과 모든 것들의 만족이 되셨습니다."

기도의 마지막은 예수님의 고난과 죽음이 모든 사람을 위한 만족이 되셨다는 선언으로 마무리됩니다. 예수님께서 십자가에서 고난받고 죽으심으로,

- 우리는 구속을 받았고,
- 우리의 부족함과 실패에도 불구하고, 결국 예수님 안에서 완전한 만족을 얻을 수 있습니다.

이것은 십자가의 구원이 완전하고 충분함을 강조하는 선언입니다. 예수님의 십자가는 우리의 연약함과 부족함을 뛰어넘어, 모든 사람을 위한 완전한 만족이 되셨습니다. 이는 골로새서 2:10에서 "너희도 그 안에서 충만하여졌으니…"라

는 말씀과 연결됩니다.

결론: 이 기도가 의미하는 것

이 기도는 우리가 신앙을 실천하는 어려움 속에서 낙심하지 않도록, 예수님께 의지하도록 초대하는 기도입니다.

- 하나님을 온전히 섬겨야 하지만, 그것은 우리의 부담이 아니라 구원을 위한 길이다.
- 예수님을 따르는 것은 결단과 실천이 필요하지만, 우리 힘만으로는 불가능하다.
- 예수님은 단순한 모범이 아니라, 우리가 다시 일어날 수 있도록 도우시는 구속자이시다.
- 신앙의 여정에서 실패하고 낙심하더라도, 예수님께서 우리를 다시 일으키신다.
- 예수님의 십자가는 우리를 위한 완전한 만족이 되셨다.

따라서, 이 기도는 신앙의 길에서 넘어질 때마다 다시 예수님을 바라보라는 초대입니다.

"주님, 제가 넘어질 때마다 다시 일으켜 세워주소서."

추가로 1850년 11월의 일기 기록 NB22:5에서 키르케고르는 "따름"이라는 제목 아래 이렇게 썼습니다.

"마지막으로 그리스도께서 사도들을 보내시며 말씀하신다. '모든 민족에게 가서 그들을 가르치고 세례를 베풀라' [마 28:19-20 참조] … 그리고 '믿는 자는 구원을 받을 것이다' [막 16:15-16 참조]. 여기서 그는 '나를 따르라'고 덧붙이지 않는다. 여기서는 은혜가 더 강조된다. 그리스도를 모범으로 삼는 것은 여전히 율법의 선포에 속한다. 그리스도의 삶 자체가 모범으로서 율법의 완성이었기 때문이다. 그리고 그가 율법을 완성함으로써 우리를 율법에서 은혜로 해방시키셨다. 그러나 이후 따름은 율법으로서가 아닌, 은혜 이후와 은혜에 의해서 다시 등장하게 된다" (SKS 24, 107).

또한 1852년 10월의 일기 NB27:45에서는 "모범으로서의 그리스도―그리고 화해자로서의 그리스도"라는 제목으로, 그리스도가 모범이면서 동시에 화해자라는 점을 깊이 탐구하고 있습니다.

1. 나는 하나님과 세상을 동시에 섬기려고 하고 있지는 않습니까?

_____

_____

_____

2. 나는 예수님을 '모범'으로만 여기고 있지는 않습니까? 예수님을 '따라야 할 모범'으로만 보고, 정작 그분이 나를 도우시는 구속자이심을 잊고 있지는 않습니까?

_____

_____

_____

3. 나는 신앙을 실천하려 노력하다가 낙심한 적이 있습니까? 하나님을 따르려 노력하는 과정에서 포기하고 싶었던 순간이 있었습니까? 신앙의 길에서 실패했을 때, 나는 예수님께 다시 나아갑니까, 아니면 자책하며 멀어집니까?

_____

_____

_____

_____

11 사람이 되는 법을 배우는 기도

하늘에 계신 아버지,
사람들과 함께 하는 우리가,
특별히 군중들과 함께 하는 우리가,
어렵게 알게 된 것,

하지만 우리가 다른 곳에서
그것을 알게 되었더라면,
사람들과 함께,
특별히 군중들과 함께,
너무 쉽게 잊어버렸던 것,

사람이 된다는 것이 무엇인지,
사람이 되기 위한 경건한 요구조건은 무엇인지,

원컨대,
우리가 그것을 배우게 하소서.

우리가 그것을 잊어버린다면,
우리가 새와 백합을 통해 다시 그것을 배우게 하소서.

원컨대,
우리가 그것을 즉시 배울 수 없다면,
그것들 중에 몇 가지를 조금씩 배우게 하소서.

원컨대,
새와 백합을 통해,
우리가 이 시간 침묵, 순종, 기쁨을 배우게 하소서!

Father in heaven, what we in company with people, especially in a crowd of people, come to know with difficulty, and what we, if we have come to know it somewhere else, so easily forget in company with people, especially in a crowd of people-what it is to be a human being and what religiously is the requirement for being a human being--would that we might learn it or, if it is forgotten, that we might learn it again from the lily and the bird; would that we might learn it, if not all at once, then at least some of it, and little by little; would that from the lily and the bird we might this time learn silence, obedience, joy!

이 기도는 '사람이 된다는 것'과 '진정한 경건함'을 배우는
과정에 대한 깊은 묵상을 담고 있습니다. 특히, 군중 속에서
신앙의 본질을 잊어버리는 인간의 나약함과 자연을 통해 겸
손과 순종을 배우는 자세를 강조합니다.

'군중 속에서 진리를 잊어버리는 인간'

기도의 첫 부분에서 키르케고르는 우리가 군중과 함께할
때 중요한 것을 쉽게 잊어버리는 존재임을 지적합니다. 우리
는 어렵게 깨달은 진리를, 혼자 있을 때는 깊이 새길 수 있지
만, 군중 속에 있을 때는 너무 쉽게 잊어버립니다. 즉, 집단적
인 사고방식과 대중의 흐름 속에서 개인적인 신앙과 깨달음
이 희미해지는 현상을 말하는 것입니다. 이것은 키르케고르
가 그의 여러 저서에서 강조한 '군중의 위험성'과 연결됩니
다. 그는 "군중은 진리를 말할 수 없다"고 주장하며, 진리는
언제나 개인적인 차원에서 발견되어야 한다고 말합니다.

이는 예수님께서 좁은 길을 가라고 하신 말씀과도 연결됩니다.

"좁은 문으로 들어가라. 멸망으로 인도하는 문은 크고 그 길이 넓어 그리로 들어가는 자가 많고, 생명으로 인도하는 문은 좁고 길이 협착하여 찾는 자가 적음이라." (마 7:13-14)

즉, 키르케고르는 진정한 신앙과 인간됨을 배우기 위해서는, 군중의 영향에서 벗어나야 함을 강조하고 있는 것입니다.

'사람이 된다는 것'과 '경건한 요구조건'

이 기도의 중심에는 "사람이 된다는 것", 즉 참된 인간됨을 배우려는 간구가 있습니다. 인간은 단순히 생물학적으로 존재하는 것이 아니라, 참된 의미에서 인간다운 존재가 되어야 한다는 것입니다. 그러나 그것은 경건한 삶을 통해서만 가능합니다.

여기서 '경건한 요구조건'이란 무엇일까요? 키르케고르는 진정한 인간이 되기 위해서는 신앙적 성숙이 필수적이라고 말합니다. 단순히 지식이나 윤리적 행동이 아니라, 하나님 앞에서의 진실한 태도가 중요합니다. 그는 이 기도가 있는 강화에서, 침묵, 순종, 기쁨에 대해 말합니다. 그렇다면, 침묵하고 순종하고 기뻐하는 것, 이것이 경건한 요구조건 아닐까요?

'새와 백합을 통해 배우는 것'

키르케고르는 인간이 군중 속에서 신앙의 본질을 잊어버릴 수밖에 없다면, 자연을 통해 다시 배울 수 있도록 기도합니다. 예수님께서 '공중의 새'와 '들의 백합'을 보라고 하신 말씀을 떠올리게 합니다.

"공중의 새를 보라 … 너희 천부께서 기르시나니 … 들의 백합화가 어떻게 자라는가 생각하여 보라." (마 6:26-28)

왜 새와 백합인가? 새는 현재에 충실하며 염려하지 않고 삽니다. 백합은 자연스럽게 자라며, 있는 그대로 하나님께 맡깁니다. 이는 하나님을 신뢰하는 단순한 믿음과 평온한 태도를 가르쳐 줍니다. 따라서, 키르케고르는 '우리가 신앙을 잊어버릴 때, 자연을 통해 다시 그것을 배울 수 있도록 해달라'고 기도하는 것입니다. 기도의 마지막 부분에서 키르케고르는 침묵, 순종, 기쁨이라는 세 가지 태도를 강조합니다.

침묵(Silence)

신앙은 침묵 속에서 깊이 새겨질 수 있습니다. 인간은 끊임없이 말하고 소음을 만들어 내지만, 하나님을 만나기 위해서는 침묵 속에서 듣는 법을 배워야 합니다. 키르케고르는 침묵에 대하여 이렇게 말합니다. "여호와를 경외하는 것이 지혜의 시작이라면, 침묵은 여호와를 경외하는 일의 시작이다." 다시 말해, 침묵은 지혜의 시작입니다.

순종(Obedience)

참된 신앙은 단순한 깨달음이 아니라, 순종을 통해 완성됩니다. 우리가 신앙을 배운다면, 그것을 삶에서 실천하는 것이 필수적입니다. 이는 야고보서 1:22의 말씀과 연결됩니다. "너희는 말씀을 행하는 자가 되고 듣기만 하여 자신을 속이는 자가 되지 말라." 키르케고르는 그의 책 『복음과 함께 고난을 받으라』에서 "순종은 지혜의 완성"이라고 말합니다. 그리스도는 완전하신 분이셨습니다. 그럼에도 불구하고 이 땅에서 단 한 가지를 배우셨습니다. "고난을 통해 순종함을 배워서 완전하게 되셨습니다." (히 5:8)

기쁨 (Joy)

신앙의 핵심은 기쁨으로 하나님을 신뢰하는 것입니다. 백합이 자기 존재를 걱정하지 않듯이, 우리는 하나님을 의지함으로 기쁨을 얻을 수 있습니다. 이는 빌립보서 4:4의 말씀과 연결됩니다. "주 안에서 항상 기뻐하라. 내가 다시 말하노니 기뻐하라." 기뻐하는 것은 복음의 명령이며, 이것이 우리에게 요구되는 경건입니다. 따라서, 이 기도는 우리의 신앙을 군중 속에서 잃지 않도록, 하나님을 신뢰하며 단순한 삶을 살아가도록 요청하는 기도라고 할 수 있습니다.

"하나님, 우리가 군중 속에서 신앙을 잃지 않도록 도와주시고, 새와 백합을 통해 다시 그것을 배우게 하소서.

■ 출처: 이 기도는 1949년 작품인 『권위 없이』에 있는 "들의 백합과 공중의 새"에 관한 강화에 나오는 기도이며, 현재 한국어로는 《들의 백합과 공중의 새》로 번역되었습니다. 서지 사항은 다음과 같습니다. 쇠렌 키르케고르. 《들의 백합과 공중의 새》. 이창우 역. 세종: 카리스 아카데미, 2023.

1. 나는 다른 사람들의 의견과 사회적 분위기에 휩쓸려, 신
   앙의 본질을 잊어버린 적이 있습니까?

   _____

   _____

   _____

2. 내가 '사람이 된다는 것'을 배울 수 있도록, 하나님께서
   내 삶에 주시는 가르침이 무엇인지 고민해 본 적이 있습
   니까?

   _____

   _____

   _____

3. 예수님께서 '공중의 새'와 '들의 백합'을 보라고 하신 말씀을 떠올리며, 나는 자연 속에서 신앙을 배운 적이 있습니까?

_____

_____

_____

4. 나는 침묵, 순종, 기쁨을 실천하고 있습니까?

_____

_____

_____

12 주님께 위로와 긍휼을 구하는 기도

주 예수 그리스도시여,
당신께로 가지 않는다면,
우리는 어디로 가야 합니까![19]

당신과 함께하지 않는다면,
고난당하는 자는
어디에서 동정을 구해야만 합니까![20]

그리스도 주 예수시여,
당신과 함께 하지 않는다면,
회개하는 자가
어디에서 동정을 구해야만 합니까!

---

19 이 기도는 요한복음 6장 68절을 암시한다. "시몬 베드로가 대답하
    되 주여 영생의 말씀이 주께 있사오니 우리가 누구에게로 가오리이
    까"

20 히브리서 4:15, "우리에게 있는 대제사장은 우리의 연약함을 동정
    하지 못하실 이가 아니요 모든 일에 우리와 똑같이 시험을 받으신 이
    로되 죄는 없으시니라."

Where should we go if not to you, Lord Jesus Christ!
Where should the one who is suffering find sympathy
if not with you, and where the penitent, alas, if not
with you, Lord Jesus Christ!

기도 해제

영어로 "If I were in your shoes"라는 말이 있습니다. 우리나라 말로는 "내가 만약 당신 입장이라면"으로 옮깁니다. 영어에서 표현한대로 다른 사람의 신발을 신어보면 느낌이 어떨까요? 누군가를 위로하거나 동정하기 위한 조건이 있다면, 정확히 다른 사람의 입장이 되어봐야 한다고 생각합니다. 보통 고난당하는 자는 슬퍼하며 다음과 같이 말합니다.

"당신은 나를 몰라요. 나를 이해할 수 없죠. 당신은 내 입장이 될 수도 없어요. 내 입장이 되었다면, 내 입장이 될 수만 있다면, 완전히 내 입장이 되어 나를 이해했다면, 당신은 다르게 말했을 거예요."

인간은 누구나 정확히 다른 사람의 입장이 될 수 없는 한계를 지니고 있습니다. 어떻게 정확히 다른 사람의 입장이나 처지에 있을 수 있겠습니까! 그래서 고통당하는 자는 불평하는 겁니다. 누구도, 심지어는 부모도, 자식도, 남편이나 아내도 똑같은 입장에 서기란 거의 불가능에 가깝습니다. 심지어는 사랑하는 사람조차도 나를 이해할 수 없고, 내 입장이 되어줄 수 없다고 느낄 때, 마음은 너무나 슬프고 힘들어집니다.

그러나 이것을 생각해 보십시오. 한 사람이 다른 사람에게서 "완전한 위로"를 찾아야 하는 것은 하나님의 뜻이 아닙니다. 오히려 모든 사람이, 사람이 아닌 "그분"에게서 위로를 구하는 것이 하나님의 은혜로운 뜻입니다. 다른 사람이 제공하는 위로의 찌꺼기가 그 맛을 잃었을 때, "너희 속에 소금을 두고 서로 화목하라"(막9:50)는 성경의 말씀을 따라 여러분은 하나님을 의지해야 합니다.

그러니 여러분이 좋은 의도를 갖고 다른 사람을 위로하려 했던 것을 압니다. 하지만 이제 위로에 대한, 동정에 대한, 무익한 논쟁으로 서로 뒤얽히지 마십시오.

동정하는 자여, 정확히 다른 사람의 입장이 될 수 없다는 것을 인정함으로 당신의 진정한 동정을 보이십시오.

고난당하는 자여, 다른 사람에게 불가능한 것을 요구하지 않음으로, 당신의 신중함을 보이십시오.

모든 고난당하는 자의 입장에 있는 것처럼 완전히 당신의 입장이 되실 수 있는 유일한 분이 계십니다. 그분이 바로 주 예수 그리스도이십니다. 성경은 말합니다.

"우리에게 있는 대제사장은 우리의 연약함을 동정하지 못하실 이가 아니요 모든 일에 우리와 똑같이 시험을 받으신 이로되 죄는 없으시니라."(히4:15)

주님은 우리의 연약함을 동정할 수 없는 분이 아닙니다. 다시 말해, 우리의 연약함을 동정할 수 있는 누군가 있습니다. 그분은 "모든 것에서 우리와 똑같이 시험을 당하신 분입니다." 바로 이것이 진정으로 동정할 수 있는 조건입니다. 왜냐하면 경험이 없는 자, 시험당하지 않는 자의 동정은 오해니까요. 너무 자주 고난당하는 자에게 불쾌감을 주고 그 심령을 상하게 하는 오해니까요. 같은 방식으로 시험을 당하는 것, 바로 이것이 동정의 요구조건입니다!

이런 점에서 완전히 고난당하는 자의 입장이 될 수 있는 유일한 분이 있습니다. 그렇게 우리에게 동정할 수 있는 그런 대제사장이 있습니다. 여러분 믿으십니까? 우리가 그분께 가지 않는다면, 우리가 그분과 함께 하지 않는다면, 우리가 어디에서 동정을 찾을 수 있겠습니까! 도대체 어디에서 동정을 찾아야만 합니까!

■ 출처: 1849년 작품인 『권위 없이』에 있는 "금요일 성찬 때의 세 개의 강화" 중 첫 번째 강화의 기도

적용

1. 내가 힘들 때, 세상의 위로나 사람들의 동정을 찾으며 실
   망한 적이 있습니까?

   _____

   _____

   _____

2. 내가 기대했던 만큼 공감받지 못할 때, 상대에게 실망하
   고 있지는 않습니까?

   _____

   _____

   _____

3. 예수님께서 "우리와 똑같이 시험을 받으셨다"는 말씀을 내 삶에서 어떻게 적용하고 있습니까? 나는 예수님의 고난과 나의 고난을 연결하며 그분과 더 깊이 교제하려 합니까?

_____

_____

_____

4. 나는 고난을 겪을 때, 하나님을 원망하나요, 아니면 예수님과 함께하는 기회로 삼나요?

_____

_____

_____

13 회개와 칭의를 구하는 기도

주 예수 그리스도시여,
진실로 성령님이 우리를 밝히시고,
우리가 우리의 죄를 깨닫도록 도우소서.[21]

그리하여 우리가 겸손하게 눈을 내리뜬 채로,
우리가 멀리, 더 멀리 서 있다는 것을 깨닫고,
"하나님이여, 불쌍히 여기옵소서. 나는 죄인이로소이다!"[22]
탄식하게 하옵소서!

그러나 그때 당신의 은혜로 말미암아,
"그가 의롭다 하심을 받고 집에 내려갔느니라" 하신 말씀이,[23]

---

21   요한복음 16:8, "그가 와서 죄에 대하여, 의에 대하여, 심판에 대하여 세상을 책망하시리라."

22   누가복음 18:13, "세리는 멀리 서서 감히 눈을 들어 하늘을 쳐다보지도 못하고 다만 가슴을 치며 이르되 하나님이여 불쌍히 여기소서 나는 죄인이로소이다 하였느니라."

23   누가복음 18:14, "내가 너희에게 이르노니 이에 저 바리새인이 아니고 이 사람이 의롭다 하심을 받고 그의 집으로 내려갔느니라. 무릇

기도하러 성전에 올라갔던 세리에게 하신 말씀이,
또한 오늘날 우리에게도 나타나게 하소서.

• • •

Lord Jesus Christ, let your Holy Spiitreally enlighten us
and convince us of our sin so that we, humbled and with
downcast gaze, acknowledge that we stand far, far off and
sigh: God, be merciful to me, a sinner. But then by your
grace let it happen also to us in accordance with your word
about that tax collector who went to the temple to pray: he
went home to his house justified.

자기를 높이는 자는 낮아지고 자기를 낮추는 자는 높아지리라 하시
니라."

"세리는 멀리 서서 감히 눈을 들어 하늘을 쳐다보지도 못
하고 다만 가슴을 치며 이르되, 하나님이여 불쌍히 여기
소서. 나는 죄인이로소이다 하였느니라."(눅18:13)

이 말씀에 의하면, 세리는 멀리 서 있었습니다. 무엇을 의
미할까요? 그것은 홀로 서 있는 것을 의미하며, 하나님 앞에
서 홀로 서 있는 것을 뜻합니다. 그때 세리는 멀리, 사람들로
부터 멀리, 하나님으로부터 멀리 서 있습니다. 그럼에도 불
구하고 하나님과 함께 홀로 있습니다. 이것이 도대체 어찌된
일일까요?

성서의 말씀에 따르면, 바리새인은 "따로 서 있었습니
다." 그때 그는 멀리 서 있었던 것은 아닐까요? 그렇습니다.
그가 진실로 따로 서 있었다면, 그는 또한 멀리 서 있었을 것
입니다. 하지만 그는 따로 서 있지 않았습니다. 복음은 그가
따로 서 있었고 "그가 다른 사람과 같지 않음"을 감사했다고
말합니다.

다른 사람의 무리 속에 있을 때, 물론 그것은 따로 서 있는 것이 아닙니다. 결국 바리새인의 교만이란 교만하게 다른 사람을 이용하는 것입니다. 그래서 사람들을 그들과의 거리를 측정하는 수단으로 이용하는 것입니다. 그는 하나님 앞에서 다른 사람에 대한 생각을 내려놓는 것을 거부합니다. 하지만 다른 사람과 비교하여 교만하게도 따로 서 있기 위해 이 생각을 붙들고 있습니다. 물론 이것은 따로 서 있는 것이 아닙니다. 하물며 하나님 앞에서 따로 홀로 있는 것은 더욱 아니죠.

하지만 세리는 멀리 서 있습니다. 그럼 그가 자신의 죄와 허물을 자각하고 다른 사람에 대한 생각으로 시험에 빠지지 않는 것은 쉬운 일이었을까요? 그가 인정했던 다른 사람들은 그보다 더 나은 사람들이었습니다. 나는 이것에 대해 어떤 것도 결정하지 않을 것입니다. 다만 이것만은 확실합니다. 그는 다른 모든 사람들을 잊었습니다. 그는 홀로 있었습니다. 그는 홀로, 자신의 죄와 허물을 의식하며 서 있었습니다.

그는 거기에 다른 많은 세리가 있었다는 것도 완전히 잊었습니다. 그는 마치 유일하게 혼자 있는 것 같았습니다. 그는 의로운 자 앞에서 자신의 죄와 함께 있지도 않았습니다. 그는 하나님 앞에 홀로 있었습니다. 바로 이것이 멀리 있는 것입니다. 바로 그때 스스로 죄인이었습니다. 이 거룩함과 홀로 있기, 이것은 얼마나 무한히 멀리 있는 겁니까!

그는 감히 하늘로 그의 눈을 들지도 못했습니다. 다시 말해, 그는 눈을 아래로 떨구었습니다. 심지어 물리적으로도 무한한 것에는 사람을 압도하는 무언가 있습니다. 왜냐하면 거기에는 사람이 눈을 고정할 수 있는 아무 것도 존재하지 않기 때문입니다. 이 효과를 현기증이라고 부릅니다. 그때는 눈을 감아야 합니다.

자신의 죄와 허물로 홀로 있는 자가 그의 눈을 뜬다면, 하나님의 거룩함을 보게 될 것이고 다른 아무 것도 볼 수 없을 것입니다. 확실히 그때 그는 눈을 떨구는 법을 압니다. 혹은 아마도 그는 눈을 들어 하나님의 거룩함을 보았고 눈을 떨구었을 것입니다. 그는 눈을 아래로 떴고, 그의 비참함을 보았습니다.

졸음이 피곤한 자의 눈꺼풀을 짓누르는 것보다 더욱 무겁게, 죽음의 잠보다 더욱 무겁게, 하나님의 거룩함의 개념이 그의 눈을 짓눌렀습니다. 피곤한 자처럼, 진실로 죽어가는 자처럼, 그는 눈을 위로 뜰 수가 없었습니다.

그는 하늘로 그의 눈을 향하지도 못했습니다. 다만 그는 눈을 내리뜨고 "내면"을 향했습니다. 그는 자신의 비참함을 간파하는 통찰력이 있었을 뿐입니다. "이 세리를 봤던" 바리새인처럼 옆을 쳐다보지도 않았습니다. 우리는 바리새인이 그가 이 세리와 같지 않음을 하나님께 감사했다고 읽었으니까요.

그렇습니다. 그는 우리가 지금 말하고 있는 바로 이 세리입니다. 물론 기도하러 성전으로 두 사람이 갔습니다. 성서는 두 사람이 함께 기도하러 성전에 갔다고 말하지 않습니다. 당연히 이 바리새인이 세리와 함께 동행하여 성전에 올라갔다는 것도 전혀 어울리지 않습니다. 게다가, 그들은 성전에 함께 있었을지라도, 가능한 한 멀리 있었던 것처럼 보입니다.

바리새인은 따로 있었습니다. 세리도 멀리 있었습니다. 그럼에도 불구하고, 바리새인은 세리를 보았습니다. 하지만 세리, 아, 구별된 의미에서 당신은 이 세리라 불리기에 얼마나 합당한 자입니까? 세리는 바리새인을 보지 못했습니다. 바리새인이 집으로 갔을 때, 그는 이 세리가 성전에 있었다는 것을 잘 알았습니다. 그러나 이 세리는 바리새인이 그 성전에 있었다는 것을 알지 못했습니다.

바리새인은 자랑스럽게도 이 세리를 보면서 만족을 찾았습니다. 세리는 겸손하게 누구도 보지 못했습니다. 이 바리새인도 보지 못했습니다. 그는 눈을 아래로 떴고, 그의 눈은 내면을 향했고, 하나님 앞에서 진리 안에 있었습니다. 그는 가슴을 치며 말했습니다.

"하나님이여, 불쌍히 여기옵소서. 나는 죄인이로소이다."

당신은 성전에서 누가 하나님을 만났다고 생각합니까?

바리새인은 하나님을 본 겁니까, 세리를 본 겁니까? 당신은 하나님 앞에서 세리처럼 의롭다 함을 받기에 합당한 자입니까? 주여, 세리에게 한 말씀이 오늘날 우리에게도 나타나게 하소서!

■ 출처: 1849년 작품인 『권위 없이』에 있는 "금요일 성찬 때의 세 개의 강화" 중 두 번째 강화의 기도

1. 나는 바리새인처럼 다른 사람을 의식하며 신앙을 평가합니까, 아니면 세리처럼 오직 하나님 앞에서만 나의 모습을 바라봅니까?

_____

_____

_____

2. 나는 죄를 깨달았을 때, 즉시 회개하며 하나님께 나아갑니까, 아니면 외면하고 있습니까?

_____

_____

_____

3. 나의 신앙을 자랑하거나, 내가 다른 사람보다 더 의롭다고 생각한 적은 없습니까?

_____

_____

_____

4. 하나님의 용서를 받은 후에도 나는 여전히 스스로를 정죄하며 살아가고 있지는 않습니까?

_____

_____

_____

14 주님을 더욱 사랑하게 하소서

주 예수 그리스도시여,

당신께 모든 것을 올바로 기도할 수 있도록,

우리가 먼저 한 가지만 당신께 기도합니다.

우리가 주님을 더욱 사랑할 수 있도록,[24]

우리의 사랑이 더욱 커지도록,

그 사랑을 더욱 불태울 수 있도록,

그 사랑을 순결하게 할 수 있도록,

우리를 도와주옵소서.

이 기도를 듣고 계신 그리스도시여,

잔인하게도,

누가 당신을 사랑하든 말든,

상관도 하지 않는,

그저 사랑의 대상일 뿐인,

---

24 누가복음 7장 47절을 암시한다. "이러므로 내가 네게 말하노니 그
   의 많은 죄가 사하여졌도다. 이는 그의 사랑함이 많음이라. 사함을
   받은 일이 적은 자는 적게 사랑하느니라."

그런 사랑이 아닌 당신이여.

분노하여,
누가 당신을 사랑하는지 안 하는지,
질투하는,
그저 심판일 뿐인,
그런 사랑이 아닌 당신이여.

오, 주여, 아닙니다.
당신은 그와 같지 않습니다.

만일 그렇다면,
당신은 두려움과 염려만 불어넣었을 겁니다.

그때,
"당신께로 가는 것"[25] 무서운 일,

25 　마태복음 11장 28절을 암시한다. "수고하고 무거운 짐 진 자들아 다
　　내게로 오라 내가 너희를 쉬게 하리라."

"당신께 거하는 것"[26]은 소름끼치는 일입니다

그때,
당신은 두려움을 내쫓은,
온전한 사랑이 아닐 겁니다[27]

아닙니다,
불쌍히 여기시고,
사랑이 풍성하시고,
사랑 안에 거하시는 주여,

당신을 사랑한 그 사랑을 먼저 키우시고,
당신을 많이 사랑할 수 있도록
그 사랑을 격려하신,
당신은 그런 사랑이십니다

---

26   이는 요한복음 6장 56절 또는 요한복음 15장 4절에서 예수님의 말
    씀을 자유롭게 인용한 것이다. 요한복음 6장 56절에서는 예수님이
    "내 살을 먹고 내 피를 마시는 자는 내 안에 거하고 나도 그 안에 거
    하느니라"라고 말씀하셨다. 요한복음 15장 4절에서는 예수님이 제
    자들에게 "내 안에 거하라 그리하면 나도 너희 안에 거하리라. 가지
    가 포도나무에 붙어 있지 아니하면 스스로 열매를 맺을 수 없듯이 너
    희도 내 안에 있지 아니하면 그러하리라"라고 말씀하셨다.

27   요한1서 4:18, "사랑 안에 두려움이 없고 온전한 사랑이 두려움을
    내쫓나니 두려움에는 형벌이 있음이라. 두려워하는 자는 사랑 안에
    서 온전히 이루지 못하였느니라."

Lord Jesus Christ, in order to be able to pray aright to you about everything, we pray to you first about one thing: help us so that we might love you much, increase our love, inflame it, purifY it. And this prayer you will hear, 0 Christ, you who are not, cruelly, love of such a kind that you are only the object, indifferent to whether anyone loves you or not; you who are not, in anger, love of such a kind that you are only judgment, jealous about who loves you and who does not. Oh, no, you are not like that; then you would only instill fear and anxiety. Then it would be terrifYing "to come to you," frightful "to abide in you," and then you yourself would not be the perfect love that casts out fear. 21 No, mercifully, or lovingly, or in love, you are love of such a kind that you yourselflove forth the love that loves you, encourages it to love you much.

사랑을 위한 유일한 기도

이 기도는 "올바로 기도하기 위해, 우리가 먼저 한 가지를 기도합니다"라는 선언으로 시작됩니다. 우리가 하나님께 무엇이든 기도할 수 있기 전에, 가장 먼저 해야 할 기도는 주님을 더욱 사랑하게 해달라는 기도라는 것입니다. 이는 신앙의 모든 기초가 '주님을 사랑하는 것'에서 출발한다는 사실을 강조합니다. 결국 우리의 신앙이 형식에 머물거나, 의무적으로 행해지지 않으려면, 주님을 사랑하는 마음이 모든 기도의 출발점이 되어야 함을 시사합니다.

예수님께서 마태복음 22:37-38에서 말씀하셨듯이,

"네 마음을 다하고 목숨을 다하고 뜻을 다하여 주 너의 하나님을 사랑하라. 이것이 크고 첫째 되는 계명이요."

즉, 주님을 사랑하는 것이 우리의 신앙과 모든 행위의 중심이라는 것입니다.

사랑은 성장해야 한다

기도는 주님을 사랑하는 것이 고정된 것이 아니라, 끊임없이 성장해야 함을 강조합니다. "우리의 사랑이 더욱 커지도록"—사랑은 한 번 경험하는 감정이 아니라, 점점 깊어지는 과정입니다. "그 사랑을 더욱 불태울 수 있도록"—사랑은 지속적으로 새로워지고, 열정을 가져야 합니다. "그 사랑을 순결하게 할 수 있도록"—사랑은 세상의 유혹이나 자기중심적 동기에서 벗어나 순수한 것이어야 합니다.

이는 단순한 감정이 아니라, 의지적 결단이며, 하나님의 도우심을 구하는 간절한 요청입니다. 사랑이 성장해야 하는 이유는 요한일서 4:19의 말씀에서 찾을 수 있습니다. "우리가 사랑함은 그가 먼저 우리를 사랑하셨음이라. 즉, 우리의 사랑은 하나님이 주신 사랑에서 비롯되며, 그 사랑을 더욱 키우도록 하나님께 간구해야 한다는 것입니다.

하나님은 단순한 사랑의 대상이 아니다

기도는 사랑의 대상이 되시는 하나님이 수동적인 존재가 아니심을 강조합니다. 하나님은 "누가 당신을 사랑하든 말든 상관하지 않는 대상"이 아닙니다. 하나님은 "단순히 심판하시는 분"도 아닙니다. 즉, 하나님은 우리를 사랑하는 분이며, 우리의 사랑을 원하시는 분이라는 점을 분명히 합니다.

"잔인하게도, 누가 당신을 사랑하든 말든 상관도 하지 않는, 그저 사랑의 대상일 뿐인 그런 사랑이 아닌 당신이여."

하나님은 우리의 사랑을 무관심하게 받는 분이 아니라, 우리가 주님을 사랑하도록 이끄시는 분입니다.

"분노하여, 누가 당신을 사랑하는지 안 하는지 질투하는, 그저 심판일 뿐인 그런 사랑이 아닌 당신이여."

하나님은 우리의 사랑이 없을 때 분노하시기보다, 우리가 다시 사랑할 수 있도록 도와주시는 분입니다. 이 부분은 우리가 하나님을 '심판하시는 분'으로만 바라보는 잘못된 신앙적 태도를 교정합니다.

만약 하나님이 단순히 사랑을 받기만 하는 분이라면, 우리는 그분과의 관계에서 살아 있는 사랑을 느끼지 못할 것입니다.

만약 하나님이 우리의 사랑을 감시하며 질투만 하는 분이라면, 우리는 두려움 속에서 강압적인 신앙을 가지게 될 것입니다.

그러나 성경은 하나님이 단순한 사랑의 대상도, 두려움을 주는 심판자도 아니심을 증거합니다. "하나님은 사랑이시라."(요일 4:16) "온전한 사랑이 두려움을 내쫓나니 두려움에는 형벌이 있음이라."(요일 4:18) 즉, 하나님은 사랑 자체이시며, 우리를 두려움이 아니라 사랑으로 이끄시는 분이라는 것입니다.

주님은 우리의 사랑을 키우시는 분이시다

기도는 하나님께서 우리의 사랑을 주도적으로 키우고 격

려하시는 분임을 고백합니다.

"당신을 사랑한 그 사랑을 먼저 키우시고, 당신을 많이
사랑할 수 있도록 그 사랑을 격려하신 당신은 그런 사랑이십
니다."

즉, 우리가 주님을 사랑하는 것은 우리의 노력만으로 이
루어지는 것이 아니라, 주님께서 먼저 우리 안에서 사랑을
키우시기 때문에 가능한 것입니다. 이것은 예수님께서 베드
로에게 하셨던 질문과 연결됩니다.

"요한의 아들 시몬아, 네가 이 사람들보다 나를 더 사랑
하느냐?"(요 21:15) 예수님은 단순히 베드로의 사랑을 요구
하시지 않았습니다. 예수님은 베드로가 다시 주님을 사랑할
수 있도록 회복시키시는 분이셨습니다. 이처럼 하나님은 우
리의 사랑을 키우시고, 격려하시고, 성장시키시는 분입니다.

따라서 우리가 할 일은 주님께 더 큰 사랑을 간구하고, 그
사랑을 지키기 위해 노력하는 것입니다.

결론: 사랑이 신앙의 핵심이다

이 기도는 우리가 무엇보다 주님을 사랑하는 것이 가장 중요한 신앙의 본질임을 강조합니다.

- 올바로 기도하기 위해서는, 먼저 주님을 사랑하는 기도부터 해야 한다.
- 주님을 향한 사랑은 지속적으로 성장해야 하며, 그것을 위해 하나님의 도우심을 구해야 한다.
- 하나님은 단순한 사랑의 대상도 아니며, 우리의 사랑을 감시하는 분도 아니시다.
- 하나님은 우리의 사랑을 키우시고, 더 많이 사랑하도록 도와주시는 분이시다.

우리는 이 기도를 통해, 신앙의 모든 중심이 주님을 사랑하는 데 있음을 다시 깨닫고, 우리의 사랑을 키우시는 주님께 더욱 가까이 나아가야 합니다.

"주님, 우리가 더욱 사랑하게 하소서. 우리의 사랑이 더욱 커지고, 불타오르고, 순결해지도록 인도하소서!"

■ 출처: 1849년 작품인 『권위 없이』에 있는 "금요일 성찬 때의 세 개의 강화" 중 세 번째 강화의 기도

1. 나는 주님을 사랑하기 위해 기도하고 있습니까? 주님을 더욱 사랑할 수 있도록 나 자신을 내어드리고 있습니까"

2. 나는 죄를 고백할 때, 단순한 죄책감 때문인가요, 아니면 주님을 사랑하기 때문에 그분 앞에서 순결하고 싶어서인 가요?

3. 나는 주님을 사랑하는 것이 내 인생에서 가장 중요한 가치입니까?

_____

_____

_____

4. 나는 주님께서 나를 먼저 사랑하셨다는 사실을 진정으로 믿고 있습니까?

_____

_____

_____

15 오직 주님께로, 다른 길은 없습니다

주 예수 그리스도시여,

주님은 이 세상에 심판하러 오지 않았습니다.[28]

그럼에도 불구하고,

사랑받지 못한 사랑이 됨으로,

세상에 대한 심판이 되셨습니다.

우리는 스스로를 그리스도인이라 부릅니다.

우리는 주님 말고는, 누구에게도

---

28 [요12:47] 사람이 내 말을 듣고 지키지 아니할지라도 내가 그를 심
판하지 아니하노라 내가 온 것은 세상을 심판하려 함이 아니요 세상
을 구원하려 함이로라
또한, 이는 요한복음 3장 16-19절을 암시한다. 여기서 예수님은 "하
나님이 세상을 이처럼 사랑하사 독생자를 주셨으니, 이는 그를 믿는
자마다 멸망하지 않고 영생을 얻게 하심이라. 하나님이 그 아들
을 세상에 보내신 것은 세상을 심판하려 하심이 아니요, 그로 말미암
아 세상이 구원을 받게 하려 하심이라. 그를 믿는 자는 심판을 받지
아니하는 것이요, 믿지 아니하는 자는 하나님의 독생자의 이름을 믿
지 아니하므로 벌써 심판을 받은 것이니라. 그 정죄는 이것이니, 곧
빛이 세상에 왔으나 사람들이 자기 행위가 악하므로 빛보다 어둠을
더 사랑한 것이니라"라고 말씀하셨다.

갈 수 없다는 것을 압니다.

아, 그러나 우리가 적게 사랑했기 때문에,
우리에게 닥친 심판이 당신이 사랑이라면,
그때 우리는 누구에게 가오리까?[29]

당신께 가지 않는다면,
도대체 누구에게 가오리까?
오, 이 암담함이여!

당신이 실제로 우리를 긍휼하게
받아들이지 않는다면,
도대체 누구에게 가오리까?
오, 이 절망이여!

주님과 사랑에 대한 우리의 큰 죄를,

---

29 [요6:68] 시몬 베드로가 대답하되 주여 영생의 말씀이 주께 있사오
니 우리가 누구에게로 가오리이까

적게 사랑함으로 많은 죄를 지은 우리를,[30]
주께서 용서하지 않는다면,
도대체 우리는 누구에게 가오리까!

• • •

Lord Jesus Christ, you who certainly did not come to the world in order to judge, yet by being love that was not loved you were a judgment upon the world. We call ourselves Christians; we say that we know of no one to go to but you-alas, to whom then shall we go when, precisely by your love, the judgment falls also upon us, that we love little? To whom, what hopelessness, if not to you! To whom, what despair, if you actually would not receive us mercifully, forgiving us our great sin against you and against love, we who sinned much by loving little!

---

30 [눅7:47] 이러므로 내가 네게 말하노니 그의 많은 죄가 사하여졌도 다 이는 그의 사랑함이 많음이라 사함을 받은 일이 적은 자는 적게 사랑하느니라

이 기도는 누가복음 7장 47절과 관련이 있습니다.

"이러므로 내가 네게 말하노니 그의 많은 죄가 사하여졌
도다. 이는 그의 사랑함이 많음이라. 사함을 받은 일이 적
은 자는 적게 사랑하느니라."

"적게 사함을 받은 자는 적게 사랑한다"는 말씀은 심판의
말씀이면서 동시에 위로의 말씀입니다. 일반적으로는 정의
가 심판입니다. 정의는 가혹한 심판이요 사랑은 너그러움입
니다. 따라서 사랑은 심판하지 않습니다. 사랑이 심판한다 해
도, 사랑은 너그러운 심판이지요.

하지만 이 경우는 다릅니다. 사랑이야말로 가장 가혹한
심판이라는 겁니다. 노아의 홍수 심판보다 더 가혹합니다. 바
벨탑에서 언어의 혼잡보다 더 가혹한 심판입니다. 소돔과 고
모라의 파괴보다 더 가혹한 심판입니다. 바로 이 가혹한 최
후의 심판이 그리스도의 죄 없는 죽음의 심판이었다는 겁니
다.

그렇다면, 정확히 이 심판이 무엇입니까? 사랑이 이 세상에서 사랑받지 못했다는 겁니다. 따라서 이 심판은 이렇게 말하지 않습니다.

"적게 사함을 받은 자가 많은 죄를 지었다. 따라서 그의 죄가 너무 크고, 너무 많아 용서받을 수가 없다."

아니, 이 사랑의 심판은 이렇게 말합니다.

"그가 적게 사랑한다."

여러분, 세상에서는 정의가 심판입니다. 정의가 칼을 휘두릅니다. 하지만 하나님 나라에서는 다릅니다. 왜냐하면 하나님 나라에서는 이 세상에서 사랑받지 못한 사랑, 다시 말해, 이 사랑을 거부한 사람을 심판하기 때문입니다. 따라서 하나님 나라에서는 정의가 심판이 아니라, 궁극적으로 사랑이야말로 심판입니다.

이 기도는 이런 겁니다. 이 사랑이 우리에게 닥쳤을 때, 이 심판이 우리에게 닥쳤을 때, 우리가 사랑의 원천이신 주님께 피하지 않는다면, 도대체 어디에 숨을 수 있겠습니까? 세상에서 버림받은 사랑, 세상에서 사랑받지 못한 사랑, 이 사랑이 주님의 사랑입니다. 하지만 이 사랑을 거부한다면, 도대체 우리는 어디에 숨을 수 있겠습니까? 이 세상에 숨을 곳이 어디에 있습니까?

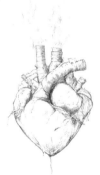

우리가 이 사랑의 긍휼을 거부한다면, 이 사랑의 긍휼을 믿지 않는다면, 과연 우리는 얼마나 암담합니까? 주님을 적게 사랑함으로 죄를 지은 우리는 도대체 어디로 가야한단 말입니까!

■ 출처: 1849년에 출판된 『권위 없이』(Without Authority)에 있는 "금요일 성찬 때의 두 개의 강화"에서 첫 번째 강화의 기도

1. 사랑이 어떻게 심판이 될 수 있습니까? 사랑받지 못한 사랑이 심판이 되는 이유는 무엇입니까?

_____

_____

_____

_____

2. 나의 회개는 온전한 회개인가요?

_____

_____

_____

3. 나에게는 죄 많은 여인처럼 긍휼과 용서를 구하는 간절
   함이 있나요?

   _____

   _____

   _____

4. 나는 주님의 사랑을 떠나면 내가 어디로 갈 곳이 없다는
   절망을 깊이 묵상한 적이 있습니까?

   _____

   _____

   _____

16 우리의 영원한 피난처인 주님

주 예수 그리스도시여,
새도 둥지가 있고, 여우도 굴이 있으나,
당신은 머리 둘 곳이 없으셨습니다.[31]
당신은 이 세상에서 집이 없었습니다.

그럼에도 불구하고,
주님은 피난처시오,
죄인이 피할 수 있는 유일한 거처입니다.

그리하여 심지어 바로 오늘도,
주님은 피난처이십니다.

죄인이 당신께로 피할 때,
당신께 자기 자신을 숨길 때,
당신 속에 숨겨질 때,[32]

---

31 [눅9:58] 예수께서 이르시되 여우도 굴이 있고 공중의 새도 집이 있
    으되 인자는 머리 둘 곳이 없도다 하시고
32   이는 아마도 골로새서 3장 3절을 암시하는 표현이다. 여기서 바울은

그는 영원히 안전이 보장됩니다.

사랑이 허다한 죄를 덮기 때문입니다.[33]

• • •

Lord Jesus Christ, the birds had nests, the foxes had dens, and you had no place where you could lay your head. You were homeless in the world-yet you yourself were a hiding place, the only place where the sinner could flee. And so even this very day you are a hiding place. When the sinner flees to you, hides himself with you, is hidden in you, he is eternally kept safe, since love hides a multitude of sins.

골로새 교인들에게 "너희 생명이 그리스도와 함께 하나님 안에 감추어졌느니라"라고 말한다.

33 이는 베드로 전서 4장 8절에서 "무엇보다도 서로 뜨겁게 사랑할지니 사랑은 허다한 죄를 덮느니라"는 말씀을 자유롭게 인용한 것이다. 키르케고르는 덴마크 왕립 도서관에 보관된 자신의 예배서에 부활절 후 여섯 번째 주일에 해당하는 베드로전서 4장 7-11절의 본문에서 8절의 첫 번째 절반과 두 번째 절반을 밑줄을 그어 강조했고, 여백에 각각 '누가복음 7장 47절'과 '야고보서 5장 20절'을 메모했다. 야고보서 5장 20절에는 '죄인을 그의 잘못된 길에서 돌아서게 하는 자는 그의 영혼을 죽음에서 구원할 것이며 허다한 죄를 덮을 것이라'고 기록되어 있다.

집이 없으셨던 주님, 우리의 유일한 피난처

이 기도는 예수님께서 이 땅에서 머물 곳조차 없이 살아가셨지만, 역설적으로 죄인들에게는 영원한 피난처가 되신다는 진리를 묵상하는 기도입니다.

머리 둘 곳 없으셨던 예수님

기도의 첫 부분은 마태복음 8:20의 말씀을 떠올리게 합니다. "여우도 굴이 있고 공중의 새도 거처가 있으되 인자는 머리 둘 곳이 없도다." 예수님은 이 땅에서 집이 없으셨습니다. 세상의 어떤 곳도 그분을 받아들이지 않았고, 심지어 자기 백성마저도 그분을 영접하지 않았습니다(요 1:11). 그러나 예수님께서 이 땅에서 안식할 집이 없으셨던 것은, 오히려 죄인들이 주님 안에서 영원한 피난처를 얻을 수 있도록 하기 위함이었습니다.

이는 단순히 예수님께서 가난한 삶을 사셨다는 사실을

넘어서, 우리의 영적 현실을 드러내는 상징적 의미를 갖고 있습니다. 죄인은 어디에도 머물 곳이 없으며, 참된 안식을 찾을 수 없습니다. 그러나 예수님께 피하면, 그곳이 우리의 영원한 안식처가 됩니다.

주님은 피난처이시다

기도는 "그럼에도 불구하고, 주님은 피난처시오, 죄인이 피할 수 있는 유일한 거처입니다."라고 선언합니다. 이는 시편 46:1의 말씀과도 연결됩니다. "하나님은 우리의 피난처시요 힘이시니 환난 중에 만날 큰 도움이시라."

즉, 예수님께서는 세상에서 머물 곳이 없으셨지만, 그분이 바로 죄인들이 피할 수 있는 영원한 피난처가 되셨습니다. 세상의 집과 안전은 일시적이지만, 예수님 안에서 얻는 피난처는 영원한 것입니다.

예수님은 하나님의 사랑과 은혜가 우리를 덮어주는 보호의 공간이 되십니다. 우리가 아무리 연약하고 죄 많을지라도,

주님께 나아가 숨으면 안전합니다. 이는 하나님의 사랑이 허다한 죄를 덮기 때문입니다(벧전 4:8).

죄인이 주님께 피할 때, 영원한 안전을 얻는다

기도의 마지막 부분은 죄인이 주님께 피할 때, 그의 안전이 보장된다는 확신을 강조합니다.

"죄인이 당신께로 피할 때, 당신께 자기 자신을 숨길 때, 당신 속에 숨겨질 때, 그는 영원히 안전이 보장됩니다."

이는 골로새서 3:3의 말씀과 연결됩니다. "이는 너희가 죽었고 너희 생명이 그리스도와 함께 하나님 안에 감추어졌음이라." 즉, 주님께 피하는 것은 단순한 회개나 기도 이상의 의미를 가집니다. 죄인이 주님께 피할 때, 그의 삶 자체가 예수님 안에 숨겨지게 됩니다. 이는 죄와 심판으로부터 보호받는다는 의미일 뿐만 아니라, 새로운 생명이 시작된다는 의미입니다.

또한, 요한복음 10:28에서 예수님께서는 "내가 그들에게 영생을 주노니 영원히 멸망하지 아니할 것이요, 또 그들을 내 손에서 빼앗을 자가 없느니라."라고 말씀하셨습니다. 즉, 우리가 주님께 피하면, 그분의 손에서 영원히 보호받으며 아무것도 우리를 빼앗을 수 없습니다. 이 기도는 우리에게 이렇게 도전합니다.

"나는 어디에서 참된 안식과 보호를 찾고 있는가? 나는 주님께로 피하고 있는가?"

우리는 이 기도를 통해 우리의 피난처이신 주님께 더욱 가까이 나아가야 합니다.

"주님, 우리가 당신 안에 숨게 하소서. 당신이 우리의 영원한 피난처이십니다!"

■ 출처: 1849년에 출판된 『권위 없이』(Without Authority)에 있는 "금요일 성찬 때의 두 개의 강화" 두 번째 기도

1. 나는 어디에서 참된 피난처를 찾고 있습니까?

2. 예수님은 이 땅에서 머리 둘 곳 없이 사셨지만, 나는 주님 안에서 영원한 안식을 누리고 있습니까?

3. 나는 삶의 어려움 속에서 주님께 기도하며 가장 먼저 피난합니까, 아니면 다른 방법을 먼저 찾습니까?

_____

_____

_____

4. 나는 주님의 사랑이 나의 모든 죄를 덮는다는 것을 믿고 있는가?

_____

_____

_____

_____

17 깨어 있는 양심과 확신을 위한 기도

하늘에 계신 아버지!
우리 안에 양심을 일깨워 주시고,
영의 귀를 열어 주님의 음성에 귀를 기울이고,
주님의 말씀에 주의를 기울이도록 가르쳐 주소서.

주님의 뜻이 하늘에서와 같이
우리에게 순수하고 분명하며,
지상의 소란에 더럽혀지지 않고,
정욕의 목소리에 방해받지 않게 하시고,
두려움과 떨림으로 우리의 구원을 이루도록
우리를 깨어 있게 하여 주소서.

그러나 율법이 가장 큰 소리로 말할 때,
그 진지함이 우리를 두렵게 할 때,
시내산에서 천둥이 칠 때에도,[34]

---

34 [출19:16] 셋째 날 아침에 우레와 번개와 빽빽한 구름이 산 위에 있
    고 나팔 소리가 매우 크게 들리니 진중에 있는 모든 백성이 다 떨더
    라

우리가 당신의 자녀임을
확신시키는 부드러운 목소리가 들려
우리가 기쁨으로
"아바, 아버지"[35]라고 외칠 수 있게 하여 주소서.

—1838년 12월 28일

—JP:3369, NB DD:185, Pap. II A 313, 1838년 12월 28일

위의 기도 여백에서(3370, II A 314)

그렇게 매 시간마다 우리 마음속에
주님을 부르는 아버지 아바의 이름에 대한 소망을 품고
새롭게 태어날 수 있도록 허락하소서.

---

35 [롬8:15] 너희는 다시 무서워하는 종의 영을 받지 아니하고 양자의
영을 받았으므로 우리가 아빠 아버지라고 부르짖느니라

Father in heaven! Awaken conscience within us, teach us to open our spiritual ears to your voice to attend to what you say, that your will may sound purely and clearly for us as it does in heaven, unadulterated by worldly shrewdness, undeadened by the voice of passions. Keep us vigilant at working out our salvation in fear and trembling. But also—when the law speaks loudest, when its earnest makes us fearful, when it thunders from Sinai—O! let there also be a soft voice, which whispers to us that we are your children, so that we may cry out with joy: Abba, Father.—28 Dec. 38

여백에서;

Grant that in every hour like that there may be born anew in our hearts—youthfully, hopefully—the Abba, the father-name you wish to be called.

　이 기도는 하나님의 음성을 듣고 순종하기 위한 내적 준비와, 두려움 속에서도 하나님의 자녀로서의 확신을 간구하는 깊은 영적 요청을 담고 있습니다.

　양심을 일깨우고, 하나님의 음성에 귀 기울이게 하소서

　기도는 먼저 우리 안에 양심을 일깨워 주시고, 영적인 귀를 열어 하나님의 음성을 듣게 해달라고 간구합니다. 하나님께서 우리를 인도하시려 해도, 우리의 양심이 잠들어 있다면 우리는 듣지 못합니다. 또한, 영적인 귀가 닫혀 있으면, 하나님의 말씀을 듣더라도 그것을 깨닫지 못합니다. 이는 이사야 50:4-5의 말씀과 연결됩니다.

　　"주 여호와께서 학자들의 혀를 내게 주사 나로 곤고한 자를 말로 어떻게 도와줄 줄을 알게 하시고, 아침마다 깨우치시되 나의 귀를 깨우치사 학자들 같이 알아듣게 하시도다. 주 여호와께서 내 귀를 여셨으므로 내가 거역하지도 아니하며 뒤로 물러가지도 아니하였도다."

즉, 하나님께서 우리 안에서 양심을 일깨우시고, 우리의 영적인 귀를 여셔야만 우리는 하나님의 음성을 바르게 듣고 반응할 수 있습니다. 우리는 하나님의 음성을 듣고도 무시할 수도 있으며, 듣고도 이해하지 못할 수도 있습니다. 그래서 기도는 주님께서 직접 우리의 귀를 열어주시고, 말씀을 깨닫도록 가르쳐 주시기를 간구하는 것입니다.

주님의 뜻이 순수하고 분명하게 하소서

기도는 하나님의 뜻이 하늘에서와 같이 우리에게도 순수하고 분명하게 하시기를 간구합니다. 우리의 삶은 지상의 소란과 정욕의 유혹, 그리고 두려움과 불안 속에서 쉽게 흐려질 수 있습니다. 그러나 하나님의 뜻은 언제나 명확하며, 인간의 혼란 속에서도 변하지 않습니다. 이는 마태복음 6:10에서 예수님께서 가르쳐 주신 기도와 연결됩니다.

"뜻이 하늘에서 이루어진 것 같이 땅에서도 이루어지이다."

우리는 하나님의 뜻을 알고 싶어 하지만, 세상의 잡음과 욕망이 그것을 가리고 방해할 때가 많습니다. 그래서 기도는 하나님의 뜻이 우리에게도 순수하고 분명하게 임하도록 간절히 요청하는 것입니다. 또한, 바울은 빌립보서 2:12에서 "두려움과 떨림으로 너희 구원을 이루라."고 권면합니다. 하나님의 뜻을 따라 살아간다는 것은 진지한 책임이며, 내적인 두려움과 경외심이 필요합니다. 기도는 우리가 하나님 앞에서 깨어 있고, 신앙의 길을 소홀히 하지 않도록 지켜달라는 간절한 요청입니다.

율법의 두려움 속에서도 하나님의 자녀임을 확신하게 하소서

기도는 율법의 강력한 선언과 하나님의 심판 앞에서도, 우리가 하나님의 자녀임을 확신할 수 있도록 도와달라고 간구합니다. 율법은 우리의 죄를 드러내며, 때로는 우리를 두렵게 합니다.

시내산에서 하나님의 음성이 천둥처럼 울려 퍼졌을 때, 이스라엘 백성들은 두려움에 떨었습니다(출 19:16-19). 그러나, 하나님께서는 율법이 주는 두려움을 넘어, 우리가 그분의 자녀라는 확신을 가질 수 있도록 하십니다.

기도는 우리가 율법의 엄격함 속에서도 하나님의 부드러운 음성을 듣게 해달라고 요청합니다. 바울은 로마서 8:15에서 "너희는 다시 무서워하는 종의 영을 받지 아니하고 양자의 영을 받았으므로 아바 아버지라 부르짖느니라."고 말합니다. 즉, 우리는 율법의 두려움 속에서도, 하나님의 은혜로 인해 "아바, 아버지"라고 외칠 수 있는 특권을 가진 자녀가 되었습니다. 기도는 이 확신이 우리 삶에서 분명하게 드러나기를 요청합니다.

매 순간 주님을 부르며 새롭게 태어나게 하소서

기도의 여백에서 키르케고르는 우리 마음속에서 주님을 "아바, 아버지"라고 부르는 소망이 매 시간 새롭게 태어나기를 간구합니다. 이는 단순한 감정이 아니라, 영적인 태어남과 새로움의 지속적인 경험을 의미합니다. 신앙은 한 번 결단하고 끝나는 것이 아니라, 날마다 새롭게 거듭나는 과정입니다.

바울은 고린도후서 4:16에서 "그러므로 우리가 낙심하지 아니하노니 우리의 겉사람은 낡아지나 우리의 속사람은 날로 새로워지도다."라고 말했습니다. 즉, 우리의 외적인 삶은 쇠하지만, 우리의 영적인 생명은 날마다 새롭게 되어야 합니다. 기도는 우리가 단순히 하나님을 믿는 것에서 멈추지 않고, 매 순간 주님의 이름을 부르며 거듭나는 신앙을 간구하는 것입니다.

하나님의 뜻에 깨어 있으며, 자녀의 확신 속에 살아가라

이 기도는 우리의 신앙이 단순한 지식이 아니라, 살아 있는 관계가 되도록 요청하는 간절한 기도입니다. 하나님께서 우리의 양심을 일깨우시고, 영적인 귀를 열어 주님의 음성을 듣게 하소서. 세상의 소란과 정욕에 흔들리지 않고, 하나님의 뜻이 순수하고 분명하게 임하게 하소서. 율법의 엄격함과 두려움 속에서도, 하나님의 부드러운 음성을 들으며 자녀의 확신을 가지게 하소서. 매 순간 주님의 이름을 부르며, 새로운 영적인 삶을 살아가게 하소서.

1. 나는 하나님의 음성을 듣기 위해 내 양심과 마음을 열고
   있습니까?

   _____

   _____

   _____

2. 나는 하나님의 뜻을 분명하게 따르고 있습니까?

   _____

   _____

   _____

   _____

3. 나는 두려움 속에서도 하나님의 자녀라는 확신을 가지고 있습니까?

_____

_____

_____

4. 나는 매 순간 주님의 이름을 부르며 새롭게 태어나고 있습니까?

_____

_____

18 주님의 평안에 거하게 하소서

그리스도께서 물 위를 걸으신다.[36]

기도

주님,
이 가슴의 파도[37]를 가라 앉히고 폭풍을 잠재우소서!

내 영혼아,
잠잠히 있으라.[38]
그리하여 내 안에서 하나님이 일하실 수 있도록.

---

36 예수님이 바다 위를 걸으신 이야기(마 14:22-33)를 암시한다. 또한,
    키르케고르는 폭풍과 파도에 대한 이야기가 나오는 마태복음 8장
    23~27절의 기록을 떠올리게 하며, 예수님이 폭풍과 바다를 꾸짖어
    고요하게 하신 이야기를 염두에 두고 있는 것 같다.

37 이 가슴의 파도 : 이는 아마도 시편 42편 6-8절을 암시하는 것으로
    보입니다. 이 구절에서는 "내 영혼이 내 속에서 낙심되므로" 흐르는
    물과 파도가 나를 휩쓸고 지나가는 장면을 묘사하고 있다.

38 [시62:1] 나의 영혼이 잠잠히 하나님만 바람이여 나의 구원이 그에
    게서 나오는도다

내 영혼아,

잠잠히 있으라.

그리하여 하나님이 네 안에 안식하시고

그분의 평안이 너를 덮을 수 있도록![39]

하늘에 계신 아버지,

세상은 우리에게 평안을 줄 수 없다는 것을[40]

충분히 경험했습니다.

그러나 주께서 평안을 줄 수 있다고 느끼게 하소서.

온 세상이 우리에게서 주님의 평안을

빼앗을 수 없다는 약속의 진리를 깨닫게 하소서.

— *JP:3371, Pap. II A 318, 1839년 1월 1일*

---

39   이는 아마도 예수 탄생의 예고 장면을 암시하는 것으로 보인다. 그 곳에서 천사 가브리엘이 동정녀 마리아에게 "지극히 높으신 이의 능력이 너를 덮으리라"라고 말하는 부분이다 (누가복음 1장 35절).

40   [요14:27] 평안을 너희에게 끼치노니 곧 나의 평안을 너희에게 주노라 내가 너희에게 주는 것은 세상이 주는 것과 같지 아니하니라 너희는 마음에 근심하지도 말고 두려워하지도 말라

Chr. walks upon the water.

Prayer

Lord, calm the waves in this breast, subdue the storm! Be still, my soul, so that the divine can work within you! Be still, my soul, so that God may rest within you, that his peace may overshadow you. Yes, Father in heaven, experience has told us often enough that the world cannot give us peace. O! but let us feel that you can give peace; let us perceive the truth of the promise that the whole world cannot take yourpeace from us.

—1 Jan. 39

이 기도는 우리 내면의 불안과 두려움 속에서, 오직 주님 께서 주시는 평안만이 진정한 안식이 됨을 깨닫고 간구하는 기도입니다. 예수님께서 물 위를 걸으시는 사건(마 14:22-33)은 단순한 기적이 아니라, 믿음과 평안의 본질을 보여주 는 강력한 메시지입니다.

내 영혼아, 잠잠히 있으라 — 내면의 폭풍을 다스리는 기 도

기도는 "주님, 이 가슴의 파도를 가라앉히고 폭풍을 잠재 우소서!"라는 간절한 요청으로 시작됩니다. 이는 마가복음 4:39에서 예수님께서 폭풍을 꾸짖으시며 말씀하신 "잠잠하 라! 고요하라!"를 떠올리게 합니다. 폭풍은 단순한 외적인 자 연 현상이 아니라, 우리 내면의 두려움과 불안을 상징합니다. 우리는 삶의 걱정과 불안 속에서 쉽게 흔들리고, 두려움에 빠질 수 있습니다. 그러나 주님께서 말씀하시면, 그 모든 불안은 사라지고 참된 평안이 임합니다.

따라서 기도는 내 영혼이 조용히 주님 앞에 나아가도록, 스스로를 잠잠하게 하라고 명령합니다. "내 영혼아, 잠잠히 있으라." 이는 시편 46:10의 말씀과 연결됩니다. "너희는 가만히 있어 내가 하나님 됨을 알지어다."

즉, 우리가 하나님 앞에서 우리의 두려움과 불안을 내려놓을 때, 하나님께서 일하시고 역사하실 수 있습니다. 우리가 스스로 무엇을 해결하려고 발버둥칠 때가 아니라, 하나님께 온전히 맡길 때, 참된 평안이 임합니다.

하나님께서 우리의 영혼 안에 안식하시도록

기도는 "하나님이 네 안에 안식하시고, 그분의 평안이 너를 덮을 수 있도록" 하라고 요청합니다. 이는 하나님의 평안이 단순한 감정적인 위로가 아니라, 하나님 자신이 우리의 내면을 다스리시는 상태를 의미합니다. 바울은 빌립보서 4:7에서 "그리하면 모든 지각에 뛰어난 하나님의 평강이 그리스도 예수 안에서 너희 마음과 생각을 지키시리라."고 말했습니다.

즉, 하나님의 평안은 외적인 환경이 아니라, 내적인 신뢰에서 비롯됩니다. 세상의 평안은 상황이 좋아질 때만 유지되지만, 하나님의 평안은 폭풍이 있어도 우리를 지켜주십니다. 우리는 종종 우리의 문제를 스스로 해결하려고 합니다. 그러나 기도는 우리가 하나님 안에서 쉼을 찾고, 하나님의 평안을 받아들이도록 요청합니다.

세상은 평안을 줄 수 없으나, 주님은 평안을 주실 수 있습니다

기도는 세상이 주는 평안과 하나님께서 주시는 평안을 대비합니다. "세상은 우리에게 평안을 줄 수 없다는 것을 충분히 경험했습니다." 우리는 세상의 방법(성공, 돈, 인간관계, 건강 등)을 통해 평안을 얻으려 하지만, 결국은 부족하고 불완전합니다.

예수님께서도 요한복음 16:33에서 말씀하셨습니다. "너희가 세상에서는 환난을 당하나 담대하라 내가 세상을 이기었노라."

그러나 주께서 평안을 줄 수 있다고 느끼게 하소서. 예수님은 요한복음 14:27에서 "평안을 너희에게 끼치노니 곧 나의 평안을 너희에게 주노라. 내가 주는 것은 세상이 주는 것과 같지 아니하니라."라고 말씀하셨습니다.

즉, 하나님께서 주시는 평안은 세상의 상황과 상관없이 지속됩니다. 기도는 우리가 이 평안을 실제로 경험하도록 도와달라고 요청합니다. 단순히 교리적으로 아는 것이 아니라, 실제 삶 속에서 하나님의 평안이 임하는 것을 체험할 수 있도록 기도하는 것입니다.

주님의 평안을 빼앗을 수 없는 약속을 확신하게 하소서

기도는 마지막으로 온 세상이 주님의 평안을 빼앗을 수 없다는 약속을 확신하게 해달라고 간구합니다. 이는 로마서

8:38-39에서 바울이 선포한 말씀과 일맥상통합니다.

"내가 확신하노니 사망이나 생명이나 천사들이나 권세자들이나 현재 일이나 장래 일이나 능력이나 높음이나 깊음이나 그 어떤 피조물이라도 우리를 우리 주 그리스도 예수 안에 있는 하나님의 사랑에서 끊을 수 없으리라."

하나님의 평안은 결코 빼앗기지 않습니다. 세상의 환난이 올지라도, 인간적인 불안과 두려움이 엄습할지라도, 주님께서 주신 평안은 영원히 지속됩니다. 이 기도는 우리가 이 약속을 확신하며 살아가도록 도와달라고 요청하는 것입니다.

그는 이 기도를 1839년 1월 1일 새해 첫날 썼습니다. 같은 날 일기의 여백에 다음과 같은 기록을 남겼습니다.

그것은 모든 크리스천의 삶에서 반복되는 기적이며, 가나의 결혼식에서 동시대 사람들을 놀라게 한 것과 동일한 기적이다. 주님은 나쁜 포도주를 먼저 대접하고 좋은 포도주를 나중에 대접했다. 특히 세상은 어떻게 좋은 것을 먼저 제공하고 나쁜 것을 나중에 제공하는지 경험 한 사람이라면 누구나 이에 동의 할 것이다.

—1839년 1월 1일

이 구절에서 키르케고르는 요한복음의 '가나의 혼인잔치' 이야기를 기독교인의 삶에 빗대어 설명하고 있습니다. 그는 이 기적이 기독교인의 삶 속에서도 반복된다고 말합니다. 즉, 세상은 처음에는 좋은 것을 주는 것 같지만, 결국에는 품질이 떨어지는 것을 내놓는 반면, 하나님은 먼저 평범한 것을 주신 후 나중에 진정한 은혜, 즉 "좋은 포도주"를 제공하신다는 의미입니다.

키르케고르가 말하고자 하는 핵심은 세상에서 얻을 수 있는 기쁨과 만족은 일시적이지만, 하나님으로부터 오는 평안과 은혜는 지속적이고 영원한 가치가 있다는 것입니다.

1. 나는 내 마음의 불안과 두려움을 주님께 맡기고 있습니까?

2. 나는 문제를 해결하려고 조급하게 행동합니까, 아니면 먼저 주님 앞에 내 영혼을 잠잠하게 합니까?

3. 나는 평안을 얻기 위해 세상의 방법(성공, 돈, 사람의 인정 등)을 의지하고 있지는 않습니까?

---

4. 나는 예수님께서 물 위를 걸으셨듯이, 나의 신앙도 현실적인 문제들 위에서 흔들리지 않고 굳건히 설 수 있습니까?

---

19 미소 짓는 아이처럼 깨어나게 하소서

하늘에 계신 아버지!
우리의 영혼 속에 당신을 향한 생각이 깨어날 때,

그 생각이 혼란스러워
날아다니는 놀란 새처럼,
깨어나지 않게 하시고,

하늘에 미소를 지은 아이가
잠에서 깨어나는 것처럼 깨어나게 하소서.

1839년 1월 6일

—JP:3372, NB DD:189, Pap. II A 320, 1839년

Father in Heaven! When the thought of you awakens in our soul, let it not awaken like a startled bird which then flutters about in confusion, but like the child from sleep with its heavenly smile.

— 6 Jan. 39

해설

이 짧지만 깊은 기도는 우리 영혼이 하나님을 향한 생각을 가질 때, 그것이 불안과 혼란 속에서가 아니라, 평온하고 신뢰 속에서 깨어나기를 바라는 간구입니다. 우리의 영혼이 하나님을 인식하는 순간이 어떤 상태에서 이루어지는가에 대한 중요한 묵상을 담고 있습니다.

하나님을 향한 생각이 깨어나는 순간

기도는 "우리의 영혼 속에 당신을 향한 생각이 깨어날 때"라고 시작됩니다. 이는 우리의 영혼이 하나님을 의식하고, 그분을 깊이 생각하는 순간을 의미합니다. 우리는 언제 하나님을 가장 강하게 인식하는가? 종종 우리는 고난과 불안 속에서 하나님을 찾게 됩니다. 하지만 기도자는 그런 방식이 아니라, 하나님을 향한 생각이 평온하게 깨어나기를 바라고 있습니다.

이는 시편 63:6의 말씀과 연결됩니다. "내가 나의 침상에서 주를 기억하며 밤마다 주를 묵상하리이다." 즉, 하나님을 기억하는 순간이 고요하고, 깊은 평안 속에서 이루어지기를 간구하는 기도입니다.

혼란스럽게 깨어나는 것이 아니라, 평안하게 깨어나게 하소서

기도는 하나님을 향한 생각이 "혼란스러워 날아다니는 놀란 새처럼 깨어나지 않게 하소서."라고 요청합니다. 여기서 "놀란 새"는 급작스럽고 두려운 깨달음을 상징할 수 있으며, 불안과 걱정 속에서 하나님을 찾는 모습을 의미할 수도 있습니다.

우리의 신앙은 종종 갑작스러운 두려움, 걱정, 위기 속에서 하나님을 찾는 형태로 발전될 때가 많습니다. 그러나 기도자는 그러한 방식이 아니라, 하나님을 향한 생각이 평온하게 깨어나기를 간구합니다.

이는 이사야 26:3의 말씀과 연결됩니다. "주께서 심지가 견고한 자를 평강에 평강으로 지키시리니 이는 그가 주를 신뢰함이니이다." 즉, 하나님을 향한 생각이 우리의 불안과 혼란 속에서 오는 것이 아니라, 깊은 신뢰 속에서 오기를 바라는 기도입니다.

하늘을 바라보며 미소 짓는 아이처럼 깨어나게 하소서

기도는 이어서 "하늘에 미소를 지은 아이가 잠에서 깨어나는 것처럼 깨어나게 하소서."라고 요청합니다. 이는 하나님을 향한 생각이 평온하고 자연스럽게 깨어나기를 바라는 강한 대비적 이미지입니다.

놀란 새처럼 급작스럽고 두려운 방식이 아니라, 아이처럼 순수하고 편안하게 하나님을 인식하게 해달라는 간구입니다. 이것은 예수님께서 마태복음 18:3에서 말씀하신 내용과 연결됩니다.

"진실로 너희에게 이르노니 너희가 돌이켜 어린아이들과 같이 되지 아니하면 결단코 천국에 들어가지 못하리라."

어린아이의 순수한 신뢰와 기쁨 속에서 하나님을 만나게 해달라는 기도입니다. 하나님께 대한 우리의 인식이 두려움이나 혼란이 아니라, 평온한 기쁨 속에서 일어나기를 바라는 간절한 마음이 담겨 있습니다.

이 기도는 우리가 하나님을 인식하는 방식이 두려움과 혼란 속이 아니라, 순수한 신뢰와 평안 속에서 이루어지기를 바라는 간구입니다. 우리는 이 기도를 통해 하나님을 향한 우리의 깨달음이 두려움이 아니라 기쁨이 되도록 기도해야 합니다.

"주님, 우리의 영혼이 평온한 신뢰 속에서 당신을 만나게 하소서. 두려움이 아니라 기쁨으로 당신을 바라보게 하소서!"

적용

1. 나는 언제 하나님을 가장 깊이 인식합니까? 두려움 속에서 하나님을 찾습니까, 아니면 평온한 신뢰 속에서 하나님을 바라봅니까?"

_____

_____

_____

2. 하나님과의 관계 속에서 나의 믿음이 불안함이 아니라 평온한 기쁨 속에 자리 잡을 수 있도록 어떻게 성장할 수 있을까요?

_____

_____

3. 예수님께서 말씀하신 "어린아이와 같이 되지 않으면 천국에 들어갈 수 없다"(마태복음 18:3)는 말씀을 어떻게 삶에 적용할 수 있을까요?

_____

_____

_____

_____

20 주님의 인도와 신뢰를 구하는 기도

하늘에 계신 아버지!
옛날 유대인들과 함께 걸으셨던 것처럼[41]
우리와 함께 걸으소서.

우리가 당신의 양육을 벗어났다고 생각하지 않게 하시고,
오히려 당신의 양육 안에서 자라게 하시며,
좋은 씨앗이 인내로 자라듯,[42]
우리가 그렇게 자라게 하소서.

주님이 우리를 위해 행하신 일을
잊지 않게 하시고,

---

41   이는 아마도 이스라엘 백성이 이집트를 탈출한 후 광야를 행진할 때, 하나님께서 낮에는 구름기둥으로, 밤에는 불기둥으로 그들 앞에서 인도하셨다는 이야기를 암시한다(출애굽기 13장 21-22절 참조).

42   "좋은 씨앗은 인내로 자란다"는 표현은 예수님께서 씨 뿌리는 자의 비유를 설명하시면서 좋은 땅에 뿌려진 씨에 대해 말씀하신 부분을 암시한다. 예수님은 "좋은 땅에 뿌려진 씨는 말씀을 듣고 아름답고 착한 마음으로 간직하여 인내로 열매를 맺는 이들"이라고 하셨다(누가복음 8장 15절 참조).

당신의 도움이 놀라웠을 때

우리가 먹고 배불리 먹었기 때문에

배은망덕한 피조물처럼 다시 당신을 찾지 않게 하소서.

주님 없이는 아무것도 할 수 없음을 느끼게 하시되,[43]

비겁한 무력감이 아니라,

강한 신뢰와 기쁨 어린 확신으로 느끼게 하소서.

당신께서

약한 자들에게 강하게 역사하심을 믿게 하소서.[44]

1839년 1월 16일

---

43 "당신 없이는 아무것도 할 수 없습니다"라는 표현은 빌립보서 4장
    13절에서 바울이 쓴 "나에게 능력을 주시는 분 안에서 나는 모든 것
    을 할 수 있다"라는 구절을 암시하는 것으로 보인다.

44 이 표현은 H.A. 브로손의 찬송가 Gud skal alting mage ("하나님께
    서 모든 것을 이루시리라", 1734)에서 5절에 나오는 가사에서 유래
    한 것으로 보인다. 이 구절은 다음과 같이 노래한다: "하나님께서 모
    든 것을 이루시리니, / 약한 자들 안에서 강하게 역사하시니 / 항상
    그렇게 하시네. / 주를 바라보는 자들이 / 어떻게 무너질 수 있겠는
    가?"

Father in heaven! Walk with us as once you walked with the Jews in the olden days. O! let us not believe we have outgrown your upbringing, but let us grow up to it, and grow under it, as the good seed grows in patience.

Let us not forget what you have done for us, and when your help has been wondrously at hand, let us not seek it again like ungrateful creatures because we ate and became satisfied.

Let us feel that without you we achieve nothing at all, but let us not feel it in craven impotence but in strong trust, in the glad assurance that you are powerful in the weak.

16 Jan. 39

— JP:3373, NB DD:196, Pap. II A 327, 1839년

이 기도는 하나님께서 우리와 함께 걸으시며, 우리가 하나님의 양육 속에서 성장하고, 배은망덕한 태도가 아니라 신뢰와 감사 속에서 살아가도록 간구하는 기도입니다.

출애굽기에서 하나님께서 이스라엘 백성과 동행하셨던 것처럼, 우리 삶에서도 하나님의 인도하심을 경험하며 살아가기를 바라는 마음이 담겨 있습니다.

하나님과 함께 걷는 삶

기도는 출애굽기 13:21-22을 언급하며, "여호와께서 그들 앞에서 가시며 낮에는 구름 기둥으로, 밤에는 불 기둥으로 그들을 인도하사 밤낮으로 진행하게 하시니 낮에는 구름 기둥, 밤에는 불 기둥이 백성 앞에서 떠나지 아니하니라."라고 기록된 말씀을 기억합니다.

하나님께서 광야에서 이스라엘 백성과 함께 걸으셨던 것처럼, 오늘날 우리와도 함께 걸어주시기를 간구하는 것입니다. 이는 단순한 보호를 구하는 것이 아니라, 우리 삶의 여정에서 하나님이 늘 동행하시며 우리를 인도하시기를 바라는 마음입니다. 즉, 하나님의 인도하심 속에서 살아가는 신앙을 요청하는 기도입니다.

이는 마태복음 28:20에서 예수님께서 "볼지어다 내가 세상 끝날까지 너희와 항상 함께 있으리라."라고 약속하신 '임마누엘'과도 연결됩니다. 즉, 우리 삶 속에서 하나님의 동행하심을 확신하며 살아가야 함을 강조합니다.

하나님의 양육 안에서 자라는 삶

기도는 우리가 하나님의 양육을 벗어나려 하지 않고, 오히려 그분의 돌보심 안에서 자라나기를 원합니다. 이는 누가복음 8:15에서 예수님께서 "좋은 땅에 있다는 것은 착하고 좋은 마음으로 말씀을 듣고 지키어 인내로 결실하는 자니라."라고 하신 말씀과 연결됩니다.

즉, 우리가 신앙 속에서 인내하며 성장하고, 하나님의 돌보심 안에서 영적인 성숙을 이루도록 기도하는 내용입니다.

이는 곧 우리의 믿음이 순간적인 감정이나 환경에 따라 흔들

리지 않고, 인내하며 깊이 뿌리내릴 수 있도록 요청하는 기

도입니다.

하나님의 은혜를 잊지 않는 삶

기도는 우리가 하나님의 기적을 경험했을 때, 감사하지

않고 다시 하나님을 잊어버리는 배은망덕한 태도를 경계합

니다. 이는 신명기 8:10-11에서 하나님께서 이스라엘 백성

에게 주신 경고와 연결됩니다.

> "네가 먹어서 배부르고 네 하나님 여호와께서 네게 주신
> 아름다운 땅으로 말미암아 그를 찬송하라. 네가 네 하나
> 님 여호와를 잊지 말고 내가 오늘 네게 명하는 그의 명령
> 과 법도와 규례를 지키라."

우리는 하나님의 도움을 간절히 구하지만, 막상 응답을

받고 나면 쉽게 하나님을 잊어버릴 때가 많습니다. 이 기도

는 우리의 믿음이 필요할 때만 하나님을 찾는 이기적인 신
앙이 되지 않도록, 언제나 하나님을 기억하며 감사하는 삶을
살도록 요청하는 간구입니다.

하나님 없이는 아무것도 할 수 없음을 깨닫되, 신뢰와 기
쁨으로 살아가게 하소서
    기도는 빌립보서 4:13을 떠올리게 합니다.
    "내게 능력 주시는 자 안에서 내가 모든 것을 할 수 있느
니라."

    하나님 없이는 아무것도 할 수 없음을 인정하되, 비겁한
무력감이 아니라, 강한 신뢰와 기쁨의 확신을 가지게 해달라
는 요청입니다. 이는 우리가 자신의 무력함에 빠지지 않고,
하나님을 의지하여 강하게 살아가도록 돕는 기도입니다. 즉,
하나님 없이는 살 수 없음을 인정하되, 절망이 아니라 소망
과 기쁨 속에서 하나님을 의지하는 믿음을 갖게 해달라는 간
구입니다.

기도는 마지막으로 하나님께서 약한 자들을 강하게 사용하신다는 사실을 믿도록 도와달라고 요청합니다. 이는 고린도후서 12:9의 말씀과 연결됩니다.

"내 은혜가 네게 족하도다. 이는 내 능력이 약한 데서 온전하여짐이라."

하나님은 우리가 약할 때, 더욱 강하게 역사하시는 분입니다. 이 기도는 자신의 연약함을 인정하면서도, 하나님께서 그 연약함 속에서 역사하실 것을 확신하는 기도입니다.

결론: 하나님의 동행 속에서 성장하며 신뢰하는 삶

이 기도는 우리 삶이 하나님의 인도하심 속에서 성장하며, 배은망덕함이 아니라 신뢰와 감사로 살아가기를 바라는 깊은 묵상을 담고 있습니다.

적용

1. 나는 하나님의 인도하심 속에서 살아가고 있습니까? 하나님이 내 곁에 계신다는 것을 삶 속에서 실제로 경험하고 있습니까?

_____

_____

_____

2. 나는 하나님의 은혜를 기억하고 감사하며 살아가고 있습니까?"

_____

_____

_____

3. 나는 하나님 없이는 아무것도 할 수 없음을 인정하면서
   도, 신뢰와 기쁨 속에서 살아가고 있습니까?

   _____

   _____

   _____

4. 나는 하나님이 약한 자들을 강하게 하신다는 것을 믿고
   있습니까?

   _____

   _____

   _____

21 거룩한 성찬에 참여하기 위한 기도

하늘에 계신 아버지!
주님께서는 마음을 품게 하시고
이루어지게도 하시는 분이심을 압니다.

이 소원(longings, Længselen)[45]이
우리의 구세주(Savior)이자 속죄자(Redeemer)와의 교제[46]를
새롭게 하기 위해 우리를 이끌 때,
이 소원 역시 주님께서 주신 것임을 압니다.

그러나 이 소원이 우리를 사로잡을 때,
오, 우리 역시 이 소원을 사로잡게 하소서.

이 소원이 우리를 이끌고 가려 할 때,

---

45   이 부분은 부분적으로는 빌립보서 2:13을 언급하고 있다. 또한 부
      분적으로는 빌립보서 1:6이다. 이 소원은 근본적으로 주의 만찬에 참
      여하고자 하는 소원을 의미한다. 예를 들어, 다음을 참고하라. JP IV
      4409; V 5456 (Pap. II A 343; III A 56).

46   이 부분은 고린도전서 10:16을 의미하고 있다. 이 교제는 곧 성찬의
      참여이다.

우리 또한 자신을 내려놓게 하소서.

주님께서 우리를 부르시며 가까이 올 때,
우리 또한 주님을 부르며 가까이 있게 하소서.

주님께서 우리에게 최고의 것을 주시기로 소원할 때,
우리 또한 그 기회의 순간을 구매하게 하소서.[47]

조용한 시간에 진지한 생각과 경건한 결심으로
이 순간을 붙잡게 하소서.
이 순간을 거룩하게 하소서.

그리하여 이 순간이 거룩한 성만찬식에
참여하고자 하는 사람들에게 필요한,
강하고 시험을 이긴 간절한 소원이 되게 하소서.

하늘에 계신 아버지!
이 소원이 주님의 선물입니다.
누구도 이 소원을 자신에게 줄 수는 없습니다.

---

47 이 부분은 골로새서 4:5을 언급하고 있다. "세월을 아끼라"는 말의
덴마크어의 표현이다.

이 소원이 주어지지 않는다면,
모든 것을 판다 해도,
누구도 그것을 구매할 수 없습니다.

그러나 주님께서 이 소원을 주실 때,
그는 이 소원을 구매하기 위해
모든 것을 팔 수 있습니다.[48]

이 시간 기도합니다.
오늘 여기에 모인 사람들이
간절한 소원으로 주님의 만찬에 나오게 하소서.

그들이 이 곳을 떠날 때,
우리의 구세주이며 속죄주이신 주님을 향한
더 강한 소원을 품고 돌아가게 하소서.

---

48   마태복음 13:44-46, "천국은 마치 밭에 감추인 보화와 같으니 사람
     이 이를 발견한 후 숨겨 두고 기뻐하며 돌아가서 자기의 소유를 다 팔
     아 그 밭을 사느니라. 또 천국은 마치 좋은 진주를 구하는 장사와 같으
     니 극히 값진 진주 하나를 발견하매 가서 자기의 소유를 다 팔아 그 진
     주를 사느니라."

Father in heaven! We know very well that you are the one who gives both to will and to accomplish, and that the longing, when it draws us to renew fellowship with our Savior and Redeemer, is also from you. But when longing grasps hold of us, oh, that we may also grasp hold of the longing; when it wants to carry us away, that we may also surrender ourselves; when you are close to us in the call, that we might also keep close to you in our calling to you; when in the longing you offer us the highest, that we may purchase its opportune moment, hold it fast, sanctify it in the quiet hours by earnest thoughts, by devout resolves, so that it might become the strong but also the well-tested, heartfelt longing that is required of those who worthily want to partake of the holy meal of Communion! Father in heaven, longing is your gift; no one can give it to himself; if it is not given, no one can purchase it, even if he were to sell everything--but when you give it, he can still sell everything in order to purchase it. We pray that those who are gathered here today may come to the Lord's table with heartfelt longing, and that when they leave it they may go with intensified longing for him, our Savior and Redeemer.

이 기도는 성만찬을 향한 깊은 영적 소원(간절한 갈망)이 어디에서 오는지, 그리고 그것이 우리를 어떻게 변화시키는 지에 대한 묵상을 담고 있습니다. 우리는 주님께서 우리 마음속에 소원을 두시고, 그것을 이루게 하시는 분이심을 깨달아야 합니다(빌 2:13).

또한 그 소원이 참된 신앙의 길로 나아가는 기회가 되도록 붙잡아야 합니다(골 4:5). 이 기도는 특히 성만찬을 앞둔 이들이 더욱 간절한 마음으로 주님을 사모하도록 하는 간구입니다.

하나님께서 주시는 소원 (빌립보서 2:13, 1:6)

기도는 "주님께서는 마음을 품게 하시고 이루어지게도 하시는 분이심을 압니다."라는 고백으로 시작됩니다. 이는 빌립보서 2:13에서 바울이 말한 "너희 안에서 행하시는 이는 하나님이시니 자기의 기쁘신 뜻을 위하여 너희로 소원을 두고 행하게 하시나니."라는 말씀과 연결됩니다. 즉, 우리가 하나님을 향해 갈망하는 마음을 가지는 것조차도, 우리의 의지가 아니라 하나님께서 주신 은혜의 선물이라는 것입니다.

또한 빌립보서 1:6에서는 "너희 속에 착한 일을 시작하신 이가 그리스도 예수의 날까지 이루실 줄을 우리는 확신하노라."라고 말합니다. 즉, 하나님께서 시작하신 소원은 단순한 감정이 아니라, 완성까지 이루어지는 과정의 일부입니다. 우리는 이 소원을 단순한 감정적 열망으로 끝내는 것이 아니라, 구체적인 신앙의 행위로 이어지도록 해야 합니다.

성만찬을 향한 소원, 그리고 우리의 응답

기도는 이 소원이 우리의 구세주이자 속죄주와의 교제를 새롭게 하기 위한 것임을 강조합니다. 고린도전서 10:16에서 바울은 성만찬을 이렇게 설명합니다.

"우리가 축복하는 축복의 잔은 그리스도의 피에 참여하는 것이 아니며, 우리가 떼는 떡은 그리스도의 몸에 참여하는 것이 아니냐?"

성만찬은 단순한 의식이 아니라, 예수님과의 깊은 연합의 순간입니다. 기도는 이 거룩한 순간을 단순히 형식적으로 참여하는 것이 아니라, 깊은 소원과 간절함을 품고 임하도록 요청합니다. 그런데, 소원이 우리를 사로잡을 때, 우리도 이 소원을 사로잡아야 한다는 표현이 나옵니다. 하나님께서 주신 갈망이 단순한 감정으로 끝나는 것이 아니라, 우리가 그 소원을 적극적으로 붙들어야 한다는 의미입니다.

이는 골로새서 4:5에서 바울이 말한 "외인에게 대해서는 지혜로 행하여 세월을 아끼라(기회의 순간을 사라)."라는 말씀과 연결됩니다. 하나님께서 주신 소원을 놓치지 않고, 그것을 기회의 순간으로 삼아 영적으로 나아가야 한다는 것입니다.

거룩한 시간의 성화(聖化)와 신앙의 결단
기도는 우리가 조용한 시간 속에서 이 거룩한 소원을 더욱 깊이 새길 수 있도록 요청합니다.

"조용한 시간에 진지한 생각과 경건한 결심으로 이 순간을 붙잡게 하소서. 이 순간을 거룩하게 하소서."

이는 우리가 신앙의 중요한 순간을 단순한 감정으로 흘려보내지 않고, 깊이 묵상하고 결단하는 태도를 가지게 해야 한다는 의미입니다. 즉, 성만찬을 앞둔 순간이 단순한 의식이 아니라, 우리의 신앙을 더욱 깊게 만드는 시간이 되기를 요청하는 기도입니다.

특히, 기도는 성만찬을 앞둔 사람들이 강하고 시험을 이긴 간절한 소원을 가지도록 요청합니다. 이는 우리가 성만찬을 단순한 전통이 아니라, 우리의 믿음을 새롭게 하고, 영적인 힘을 얻는 신앙적 결단의 순간으로 받아들이도록 돕습니다.

소원은 하나님의 선물이며, 사람은 스스로 얻을 수 없다

기도는 마지막 부분에서, 이 소원이 하나님께서 주시는 선물이며, 아무도 스스로 가질 수 없는 것임을 강조합니다.

"이 소원이 주어지지 않는다면, 모든 것을 판다 해도 누구도 그것을 구매할 수 없습니다."

하나님의 은혜 없이는 어떤 노력으로도 영적 갈망을 만들 수 없음을 의미합니다. 그러나 "주님께서 이 소원을 주실 때, 그는 이 소원을 구매하기 위해 모든 것을 팔 수 있습니다." 이는 마태복음 13:44에서 예수님께서 비유로 말씀하신 "천국은 마치 밭에 감추인 보화와 같으니 사람이 이를 발견한 후 숨겨두고 기뻐하며 돌아가서 자기의 소유를 다 팔아 그 밭을 사느니라."라는 내용과 연결됩니다. 즉, 하나님께서 주시는 소원을 가진 사람은, 그것을 얻기 위해 모든 것을 기꺼이 내려놓고 헌신할 수 있다는 의미입니다.

이 기도는 우리의 신앙이 하나님께서 주시는 거룩한 소원을 더욱 깊이 품고, 성만찬을 향한 간절함으로 나아가야 함을 강조합니다.

출처: 『성찬의 위로』 이창우 역 (세종: 카리스 아카데미, 2022), 43-45. 첫 번째 기도.

1. 나는 하나님께서 주시는 소원을 얼마나 소중히 여기고 있습니까?

_____

_____

_____

2. 나는 성만찬을 단순한 의식이 아니라, 주님과의 깊은 교제의 순간으로 삼고 있습니까?

_____

_____

_____

_____

3. 나는 하나님께서 주신 영적 갈망을 놓치지 않고 신앙의
   결단으로 연결하고 있습니까?

_____

_____

_____

4. 나는 성찬식 후에도 주님을 더욱 사모하는 마음을 유지
   하고 있습니까?

_____

_____

_____

22 영혼의 참된 쉼을 구하는 기도

하늘에 계신 아버지,
회중이 중보 기도할 때 아픈 자와 슬퍼하는 자 모두를
주님께서 위로해주시길 간구하듯,
이 시간에 수고하며 무거운 짐을 진 자들에게
영혼의 쉼(rest)을 주시기를 간구합니다.

그런데도 이것은 중보기도가 아닙니다.
감히 누가 다른 사람을 위해서만 기도할 정도로
스스로를 건강하다고 생각할 수 있겠습니까?

아, 아닙니다.
각자가 영혼의 쉼을 허락해 달라고 주님께 기도하듯,
모든 사람은 자기 자신을 위해 기도하고 있습니다.

오, 하나님이여,
주님께서 보시기에 죄의 자각으로
수고하며 무거운 짐을 진 각 사람에게,

영혼의 쉼을 주소서.

· · ·

Father in heaven, just as the congregation's intercessory prayer usually asks that you yourself will comfort all who are sick and sorrowful, so in this hour it asks that you give rest for their souls to those who labor and are burdened. And yet this is no intercession; who would dare to think himself so healthy that he would pray only for others. Alas, no, everyone is praying for himself, praying that you will give him rest for his soul. Give, O God, rest for the soul to each one individually whom you see laboring and burdened in the consciousness of sins.

해설

이 기도는 예수님께서 약속하신 참된 쉼(rest)이 모든 영혼에게 임하기를 간구하는 기도입니다. 마태복음 11:28에서 예수님은 "수고하고 무거운 짐 진 자들아 다 내게로 오라. 내가 너희를 쉬게 하리라."라고 말씀하십니다.

이 기도는 우리가 스스로를 건강하다고 여길 수 없는 죄인임을 깨닫고, 오직 하나님께서 주시는 영혼의 쉼을 구해야 함을 강조합니다. 단순히 다른 사람만을 위해 중보기도하는 것이 아니라, 모든 사람이 자신의 영혼의 쉼을 위해 하나님께 나아가야 함을 깨닫게 합니다.

중보기도처럼 보이지만, 사실 모두가 자신을 위한 기도

기도는 마치 다른 사람들을 위한 중보기도의 형태로 시작됩니다. "회중이 중보 기도할 때 아픈 자와 슬퍼하는 자 모두를 주님께서 위로주시길 간구하듯, 이 시간에 수고하며 무거운 짐을 진 자들에게 영혼의 쉼을 주시기를 간구합니다."

그러나 기도자는 즉시 이것이 단순한 중보기도가 아님을 밝힙니다.

"그런데도 이것은 중보기도가 아닙니다."

왜냐하면 누가 감히 다른 사람을 위해서만 기도할 정도로 스스로를 건강하다고 생각할 수 있겠습니까? 즉, 우리 모두는 스스로를 온전하다고 생각할 수 없으며, 각자 자신의 영혼의 쉼을 위해 하나님께 간구해야 한다는 의미입니다.

이는 중보기도의 본질을 다시 생각하게 만듭니다. 우리는 종종 다른 사람들만을 위해 기도하지만, 결국 모든 기도는 우리 자신도 포함하고 있습니다. 즉, 우리도 죄의 짐을 지고 있고, 우리도 하나님께서 주시는 영혼의 쉼이 필요하기 때문입니다.

이는 로마서 3:23의 말씀과도 연결됩니다.

"모든 사람이 죄를 범하였으매 하나님의 영광에 이르지 못하더니."

우리 모두는 하나님의 도우심과 은혜가 필요한 존재이며, 다른 사람을 위한 기도가 곧 우리 자신을 위한 기도이기도 합니다.

모든 사람은 영혼의 쉼을 위해 스스로 기도해야 한다

기도는 다음과 같이 선언합니다. "각자가 영혼의 쉼을 허락해 달라고 주님께 기도하듯, 모든 사람은 자기 자신을 위해 기도하고 있습니다."

이는 우리가 스스로도 하나님의 은혜가 필요한 존재임을 인정해야 함을 의미합니다. 또한 우리 각자가 하나님께 직접 나아가야 함을 강조합니다. 이는 빌립보서 2:12에서 바울이 말한 "두려움과 떨림으로 너희 구원을 이루라."는 말씀과도 연결됩니다.

우리의 구원과 영혼의 쉼은 단순히 다른 사람의 기도로 이루어지는 것이 아니라, 우리가 직접 하나님께 나아가 기도하고 의지할 때 이루어진다는 것입니다.

마지막으로, 기도는 하나님께 이렇게 간구합니다. "오, 하나님이여, 주님께서 보시기에 죄의 자각으로 수고하며 무거운 짐을 진 각 사람에게, 영혼의 쉼을 주소서."

여기에서 "죄의 자각"은 중요한 개념입니다. 많은 사람들이 겉으로는 강해 보일 수 있지만, 내면에서는 죄의 짐을 지고 있습니다. 죄책감과 자기 의로움 사이에서 방황하는 사람들에게 참된 쉼은 오직 하나님께 나아갈 때 얻을 수 있는 것입니다. 이는 이사야 30:15에서 하나님께서 말씀하신 내용과도 같습니다.

"주 여호와 이스라엘의 거룩하신 이가 이같이 말씀하시되, 너희가 돌이켜 안식하면 구원을 얻을 것이요, 잠잠하고 신뢰할 때에 힘을 얻으리라."

즉, 진정한 쉼과 안식은 오직 하나님께 의지할 때 얻을 수 있습니다.

1. 나는 하나님께서 주시는 참된 쉼을 간절히 구하고 있습
   니까? 아니면, 마음의 무거운 짐을 스스로 해결하려고 하
   고 있지는 않습니까?

   _____

   _____

   _____

2. 나는 다른 사람을 위해 기도하면서도, 내 영혼의 쉼을 위
   해 하나님께 나아가고 있습니까?

   _____

   _____

   _____

3. 나는 스스로 온전하다고 착각하며, 하나님 앞에서 나를 돌아보는 것을 잊고 있지는 않습니까?

_____

_____

_____

4. 나는 하나님 앞에서 나의 죄를 자각하고, 그분의 은혜를 온전히 의지하고 있습니까?

_____

_____

_____

_____

23 '오늘'이라는 은혜의 때를 붙잡는 기도

하늘에 계신 아버지!

당신의 은혜와 긍휼은 시대가 변할지라도 변하지 않습니다.[49] 세월과 함께 늙지 않습니다. 인간처럼 한 날이 다른 날보다 더 은혜롭고, 처음이 마지막 날보다 더 은혜로운 분이 아닙니다.

주님께서 변하지 않으시며, 동일하시고, 영원히 젊으시며, 날마다 새로우십니다.[50] 이처럼 주님의 은혜는 변함없이 그대로 있습니다. 왜냐하면 주님께서 날마다 "오늘[(endnu idag)]"[51]이

49 예를 들어 다음을 보라. The Changelessness of God, in The Moment, KW XXIII (SV XIV 277-94). 또한 이 부분은 야고보서 1:17을 암시하고 있다. "온갖 좋은 은사와 온전한 선물이 다 위로부터 빛들의 아버지께로부터 내려오나니 그는 변함도 없으시고 회전하는 그림자도 없으시니라."

50 예레미야애가 3:22-23을 암시한다. "여호와의 인자와 긍휼이 무궁하시므로 우리가 진멸되지 아니함이니이다. 이것들이 아침마다 새로우니 주의 성실하심이 크시도소이다."

51 이 부분은 다음을 언급하고 있다.
누가복음 23:43, "예수께서 이르시되, 내가 진실로 네게 이르노니 오늘 네가 나와 함께 낙원에 있으리라 하시니라."
히브리서 3:7, 13, 15, "그러므로 성령이 이르신 바와 같이 오늘 너희가 그의 음성을 듣거든", "오직 오늘이라 일컫는 동안에 매일 피차 권

라고 말씀하셨기 때문입니다.

오, 그러나 사람이 이 구절에 집중한다면, 오늘에 사로잡힌다면, 그리하여 거룩한 결단으로 진지하게 자기 자신에게 '오늘'이라고 말한다면, 이것은 그가 바로 이 날에 변화되기를, 바로 이 날이 다른 날보다 그에게 중요한 날이 되기를 바란다는 것을 의미합니다. 그가 이 한 날이, 언젠가 선택했던 선(good)에서 다시 강건해짐으로써 중요해지기를, 혹은 명확히 선을 선택함으로써 중요해지기를 바란 것입니다.

변함없이, 날마다 '오늘'이라고 말하는 것, 이것은 주님의 은혜요, 긍휼입니다. 그러나 변하지 않은 채, 사람이 날마다 '오늘'이라고 말하는 것, 이것은 주님의 긍휼을 던져버리고, 그분의 은혜의 때를 낭비하는 것입니다. 주님은 '오늘' 은혜의 때를 주시는 분이시고, 사람은 '오늘' 은혜의 때를 붙잡아야 하는 자입니다.

오, 하나님,
우리가 당신과 함께 이렇게 말씀을 나눕니다. 우리 사이에 언어의 차이가 존재합니다. 그럼에도 불구하고 우리가 주님

면하여 너희 중에 누구든지 죄의 유혹으로 완고하게 되지 않도록 하라", "성경에 일렀으되 오늘 너희가 그의 음성을 듣거든 격노하시게 하던 것 같이 너희 마음을 완고하게 하지 말라 하였으니"

을 이해하기 위해, 우리 스스로를 주님께 이해시킬 수 있도록 애를 씁니다. 주님은 우리의 아버지라 일컬음 받으심을 부끄러워하지 않으십니다.[52]

오, 하나님,
주님께서 '오늘'을 말할 때, 이 말은 변함없는 은혜와 긍휼의 영원한 표현입니다. 올바른 의미에서 사람이 동일한 이 말을 반복했을 때, 이 말은 가장 심오한 변화와 결단을 의미하는 가장 강력한 표현입니다.

그렇습니다. 바로 오늘입니다. 오늘 이런 변화와 결단이 일어나지 않는다면, 모든 것을 상실한 것과 같습니다.

그러므로 오늘 이 자리에 모인 이들에게 은혜를 베풀어주소서. 외적인 소환이 아닌, 더욱 깊은 내면의 결단으로 바로 오늘, 주님과 화해하고자 죄를 고백하려는 이들에게 복이 되는 날이 되게 하소서. 그들이 주께서 세상에 보내신 이의 음성, 선한 목자의 음성을 듣게 하시고, 그가 그들을 아시며, 그들이 그를 따르게 하소서.

---

52   히브리서 11:6, "그들이 이제는 더 나은 본향을 사모하니 곧 하늘에 있는 것이라. 이러므로 하나님이 그들의 하나님이라 일컬음 받으심을 부끄러워하지 아니하시고 그들을 위하여 한 성을 예비하셨느니라."

Father in heaven! Your grace and mercy do not vary with the changing of the times, do not age with the years, as if, like a human being, you were more gracious one day than on another, more gracious on the first day than on the last. Your grace remains unchanged, just as you are unchanged, the same, eternally young, new every new day-because you say "this very day" every day. Oh, but if a person pays attention to this phrase, is gripped by it, and in holy resolution earnestly says to himself, "this very day"— then for him this means that he desires to be changed on this very day, desires that this very day might become more significant for him than other days, significant through renewed strengthening in the good he once chose, or perhaps significant precisely by choosing the good. It is your grace and mercy, unchanged, to say "this very day" every day, but it is throwing away your mercy and time of grace if a human being, thus unchanged, would say "this very day" from one day to the next. You are indeed the one who "this very day" gives the time of grace, but the human being is the one who "this very day" should seize the time of grace. We speak this way with you, O God; there is a language difference between us, and yet we strive to

233

understand you and to make ourselves intelligible to you, and you are not ashamed to be called our God. That phrase, which when you say it, O God, is the eternal expression of your unchanged grace and mercy, that same phrase, when a human being repeats it in the right sense, is the most powerful expression of the most profound change and decision-yes, as if everything would be lost if this change and decision did not take place this very day. Grant, then, to those assembled here today, those who without any external summons, therefore all the more inwardly, have resolved this very day to seek reconciliation with you in the confession of sins, grant that this day may be a true blessing for them, that they may have heard the voice of him whom you sent to the world, the voice of the Good Shepherd, that he may know them, and that they may follow him.

해설

이 기도는 하나님의 은혜와 긍휼이 변함없음을 선포하면서, 동시에 인간이 '오늘'을 붙잡아야 할 책임이 있음을 강조합니다. 하나님은 시대가 변해도 변하지 않으며, 그분의 은혜는 언제나 동일하고 영원히 젊습니다. 그러나 인간이 '오늘'이라는 기회를 놓치고 미루는 것은, 주어진 은혜를 낭비하는 것입니다. 따라서, 오늘이야말로 변화와 결단이 이루어져야 하는 날이며, 바로 지금 하나님과의 관계를 회복해야 하는 순간임을 강력히 강조합니다.

하나님의 은혜는 변함없이 '오늘'이라는 기회를 제공한다

기도는 하나님의 은혜가 변하지 않으며, 날마다 새롭다는 사실을 강조합니다. "주님께서 변하지 않으시며, 동일하시고, 영원히 젊으시며, 날마다 새로우십니다. 이처럼 주님의 은혜는 변함없이 그대로 있습니다."

이는 히브리서 13:8의 말씀과 연결됩니다. "예수 그리스도는 어제나 오늘이나 영원토록 동일하시니라."

또한 예레미야 애가 3:22-23에서 "주의 인자와 긍휼이 무궁하시므로 우리가 진멸되지 아니함이니이다. 이것들이 아침마다 새로우니 주의 성실하심이 크시도소이다."라고 선포된 말씀과도 연결됩니다. 즉, 하나님께서 언제나 동일한 은혜를 베푸시며, 우리에게 '오늘'이라는 기회를 주시는 분임을 강조하는 것입니다.

'오늘'을 붙잡지 않는다면, 은혜의 때를 낭비하는 것이다

기도는 하나님께서 우리에게 '오늘'이라는 기회를 주셨지만, 인간은 그 기회를 흘려보낼 수 있음을 경고합니다. "변함없이, 날마다 '오늘'이라고 말하는 것, 이것은 주님의 은혜요, 긍휼입니다. 그러나 변하지 않은 채, 사람이 날마다 '오늘'이라고 말하는 것, 이것은 주님의 긍휼을 던져버리고, 그분의 은혜의 때를 낭비하는 것입니다."

하나님은 '오늘'이라는 은혜의 때를 주시지만, 인간은 그것을 붙잡지 않으면 아무 소용이 없습니다. 이는 고린도후서 6:2의 말씀과 연결됩니다. 보라 지금은 은혜 받을 만한 때요, 보라 지금은 구원의 날이로다." 즉, 오늘이 구원의 날이며, 하나님의 은혜를 붙잡을 수 있는 유일한 시간은 바로 지금이라는 것입니다.

'오늘'이라는 순간을 붙잡을 때, 진정한 변화와 결단이 이루어진다

기도는 '오늘'이 단순한 반복이 아니라, 강력한 변화와 결단의 순간이어야 함을 강조합니다. "오, 그러나 사람이 이 구절에 집중한다면, 오늘에 사로잡힌다면, 그리하여 거룩한 결단으로 진지하게 자기 자신에게 '오늘'이라고 말한다면, 이것은 그가 바로 이 날에 변화되기를, 바로 이 날이 다른 날보다 그에게 중요한 날이 되기를 바란다는 것을 의미합니다."

이는 단순히 하루를 보내는 것이 아니라, '오늘'을 삶의 중요한 전환점으로 만드는 결단이 필요함을 의미합니다. 또한, 한 번 선택한 선(善) 위에 다시 굳건히 서거나, 아직 선을 선택하지 않은 사람이 그것을 선택하는 중요한 날로 삼아야 한다는 의미입니다.

이는 히브리서 3:7-8의 말씀과 연결됩니다. "그러므로 성령이 이르신 바와 같이 오늘 너희가 그의 음성을 듣거든 광야에서 시험하던 날에 거역하던 것 같이 너희 마음을 강퍅하게 하지 말라."

즉, 하나님께서 주시는 '오늘'이라는 기회를 놓치지 말고, 그분의 음성을 듣고 변화와 결단을 이루어야 한다는 것입니다.

'오늘'이라는 은혜의 때에 하나님과 화해해야 한다

기도는 최종적으로 '오늘'이야말로 회개와 화해의 날이며, 하나님의 부르심에 응답해야 하는 순간임을 강조합니다. "그러므로 오늘 이 자리에 모인 이들에게 은혜를 베풀어주소서. 외적인 소환이 아닌, 더욱 깊은 내면의 결단으로 바로 오늘, 주님과 화해하고자 죄를 고백하려는 이들에게 복이 되는 날이 되게 하소서." 이는 외적인 강요 없이, 내면적인 감동을 통해 자발적으로 하나님께 나아가기를 요청하는 기도입니다. 또한, 이 날이 단순한 하루가 아니라, 영적으로 중요한 날이 되도록 간구하는 것입니다.

이는 요한복음 10:27의 말씀과도 연결됩니다. "내 양은 내 음성을 들으며 나는 그들을 알며 그들은 나를 따르느니라." 즉, 오늘 하나님의 음성을 듣고, 그분을 따르는 결단을 내릴 것을 요청하는 기도입니다.

결론: '오늘'을 붙잡고, 변화와 결단을 이루라

이 기도는 하나님께서 변함없는 은혜를 주시는 것처럼, 인간도 '오늘'을 붙잡고 신앙의 결단을 내려야 함을 강조합니다.

- 하나님의 은혜는 변함없이 언제나 동일하며, '오늘'이라는 기회를 주신다.

- 그러나 인간이 '오늘'을 붙잡지 않는다면, 은혜의 때를 낭비하는 것이다.
- '오늘'이라는 순간은 단순한 시간이 아니라, 변화와 결단의 순간이 되어야 한다.
- '오늘'이 바로 하나님과 화해하고, 그분의 음성을 듣고 따르는 중요한 날이 되어야 한다.

출처: 『성찬의 위로』 이창우 역 (세종: 카리스 아카데미, 2022), 83.

1. 나는 하나님께서 언제나 동일한 은혜를 베푸시며, 날마다 새로운 기회를 주신다는 것을 확신합니까? (예레미야애가 3:22-23)

_____

_____

_____

2. 나는 '오늘'을 하나님께서 주신 은혜의 때로 여기고 있습니까?

_____

_____

_____

3. 나는 하나님께서 원하시는 변화와 결단을 '언젠가'라고 미루고 있지는 않습니까?

_____

_____

_____

4. 나는 지금 결단하지 않으면, 은혜의 때를 놓칠 수 있다는 것을 깨닫고 있는가?

_____

_____

_____

_____

24 주님의 고난을 기억하게 하소서

> 오, 주님, 가끔 나의 마음에 생각나게 하소서
> 주님의 고난과 아픔과 궁핍을,
> 주님의 영혼의 고통이 나에게 생각나게 하소서[53]

그렇습니다, 우리의 주와 구주시여,
주님의 고난을 생각하는 일조차 감히 우리의 힘을 신뢰할 수
없습니다. 우리의 힘으로는 주님에 대한 기억을 깊이 떠올리
거나 언제나 그 기억을 간직할 수 없음을 고백합니다.

슬픔보다는 기쁨을 생각하는 것을 더 좋아하는 우리, 언제나
좋은 날들을, 행복한 때의 평화와 안전을 갈망하는 우리, 더
깊은 의미에서 공포를 무시한 채 남아 있기를 그토록 바라는
우리,

---

53   Johann Heermann, "Mind, O Jesu. tidt mit Hjerte," Evange-
     lisk-christelig Psamebog (Copenhagen: 1845; ASKB 197), 147, p.
     128. 이 부분은 덴마크 찬송가의 한 절이다. 키르케고르는 누구보다
     도 예수 그리스도의 고난에 대해 관심이 많았다.

우리가 어리석게 생각하듯 이 공포들로 인해, 우리의 행복한 삶이, 어두워지지 않도록, 진지해지지 않도록, 갈망합니다. 혹은 우리의 불행한 삶이 더 어두워지지 않도록, 더 진지해지지 않도록, 갈망합니다.

그리하여 우리가 주님께 기도합니다. 우리가 기억하고 원하는 분인 주님께 기도합니다. 주께서 우리에게 이것을 생각나게 해주시길 기도합니다.

사람이 주님과 이야기할 때, 얼마나 이상한 언어로 말을 하는지요. 인간의 언어가 우리와 주님과의 관계를, 혹은 주님과 우리와의 관계를 서술하려 하면, 그 사용이 부적절해 보입니다.

기억되어야 할 분이 기억해야 할 사람에게 기억하도록 생각나게 해야 한다면, 도대체 그것이 무슨 기념입니까!

인간적으로 말해, 생각해야 할 그렇게 중요한 많은 것을 지닌 자, 그런 고귀하고 힘이 있는 자만 이런 식으로 말합니다. 그의 부하에게 말합니다.

"내가 자네를 기억할 수 있도록 자네가 나에게 생각나도록 해야 한다네."

아, 얼마나 슬픈지요. 우리가 주님께, 우리의 구원자시요, 세계의 구속자이신 분께, 이와 동일하게 말하다니.

아, 얼마나 슬픈지요. 우리가 주님께 이와 같은 말을 할 때, 이와 같은 말이 바로 우리의 비천함의 표현이요, 주님과 비교할 때, 우리의 무nothingness의 표현이라니. 하나님과 함께 하는 주님은 모든 하늘 위에 가장 높으신 분입니다.

우리가 주님께 기도합니다.
주님의 고난과 죽음이 우리에게 생각나도록,
가끔은 우리의 일터에서 우리에게 생각나도록,
우리의 기쁨과 슬픔 중에 우리에게 생각나도록,
주님께서 배신당한 그 밤이 우리에게 생각나도록,
주님께 기도합니다.

주님께서 생각나도록 해 주실 때, 우리가 주님께 감사를 드립니다. 주님과의 교제를 새롭게 하기 위해, 오늘 주님의 성찬대에 올라가는 모든 무리들과 함께, 우리가 주님께 감사를 드립니다.

Remind, O Jesus, of my heart
Of your pangs, torment, and need,
Remind me of your soul's pain.

Yes, you our Lord and Savior, not even in this do we dare to trust our own strength, as if by ourselves we were able to summon deeply enough or constantly to hold fast your memory, we who much prefer to dwell on the joyful than on the sorrowful, we who all crave good days, the peace and security of happy times, we who so very much wish to remain in the deeper sense ignorant of the horrors lest they, as we foolishly think, would make our happy life dark and earnest, or our unhappy, so it seems to us, life even darker and more earnest.

Therefore we pray to you, you who are the one we want to remember, we pray to you that you yourself will remind us of it. What a strange language a human being speaks when he is to speak with you. It indeed seems to become unfit for use when it is to describe our relationship with you or yours with us. Is this also a remembrance when the one who is to be recollected must himself remind the one recollecting! Humanly, only the high and mighty person who has so many and such important things to think about speaks this way. He says to his subordinate: You must yourself remind me so that I remember you. Alas, we say the same to you, you the Savior and Redeemer of the world. Alas, and these same words, when we say them to you, are the very expression of our lowliness, our nothingness in comparison with you, you who with God are exalted above all the heavens. We pray that you yourself will remind us of your suffering and death, remind us often at our work, in our joy and in our sorrow, of the night when you were betrayed. We pray to you for this, and we thank you when you remind us; so we also thank you now as do those gathered here today in going up to your Communion table to renew their fellowship with you.

이 기도는 예수님의 고난과 죽음을 기억하는 것이 인간의 힘으로는 불가능하며, 오직 주님께서 우리에게 기억나게 하셔야 가능하다는 깊은 깨달음에서 출발합니다.

우리는 기쁨과 평안을 더 좋아하며, 슬픔과 고난을 외면하려는 본성을 가지고 있습니다. 그러나 진정한 신앙은 고난을 외면하는 것이 아니라, 주님의 고난을 기억하고 깊이 묵상하는 것입니다. 이것은 단순한 인간의 기억이 아니라, 주님께서 우리 마음속에 일으켜 주셔야만 가능한 영적인 기억입니다. 따라서, 기도자는 주님의 고난이 우리의 삶 속에서, 우리의 기쁨과 슬픔 속에서, 우리의 일터에서 '생각나게' 해주길 간구합니다.

인간은 스스로 주님의 고난을 기억할 수 없다

기도는 우리의 연약함을 먼저 인정합니다. "주님의 고난을 생각하는 일조차 감히 우리의 힘을 신뢰할 수 없습니다.

우리의 힘으로는 주님에 대한 기억을 깊이 떠올리거나 언제나 그 기억을 간직할 수 없음을 고백합니다."

인간은 본래 기쁨과 평안을 더 선호하며, 고통과 공포를 외면하고 싶어하는 존재입니다. 이는 전도서 7:2-4에서 말하는 것과 연결됩니다. "초상집에 가는 것이 잔치집에 가는 것보다 나으니, 살아 있는 자는 이것을 마음에 둘 것이기 때문이라." "지혜자의 마음은 초상집에 있으되, 우매자의 마음은 혼인집에 있느니라." 즉, 우리는 본능적으로 고난과 죽음의 현실을 외면하고 싶어하지만, 그것이야말로 우리가 반드시 묵상해야 하는 진리임을 성경은 강조합니다.

주님의 고난을 기억하는 것은 신앙의 본질이다

기도자는 우리가 주님의 고난을 기억하는 것이 단순한 감정적 애도가 아니라, 주님과의 관계를 새롭게 하는 신앙의 본질적인 요소임을 강조합니다. "우리가 주님께 기도합니다. 우리가 기억하고 원하는 분인 주님께 기도합니다. 주께서 우리에게 이것을 생각나게 해주시길 기도합니다."

우리는 주님의 고난을 기억할 때, 신앙이 더욱 깊어지고, 주님과의 관계가 새롭게 회복됨을 경험합니다. 이는 고린도 전서 11:23-26에서 성찬의 의미와도 연결됩니다.

> "주 예수께서 잡히시던 밤에 떡을 가지사 축사하시고 떼어 이르시되 이것은 너희를 위하는 내 몸이니 이것을 행하여 나를 기념하라 하시고 이와 같이 잔을 가지시고 이르시되 이 잔은 내 피로 세운 새 언약이니 이것을 행하여 마실 때마다 나를 기념하라 하셨으니 너희가 이 떡을 먹으며 이 잔을 마실 때마다 주의 죽으심을 그가 오실 때까지 전하는 것이니라."

주님의 고난을 기억하는 것은 성찬을 통해 우리가 계속해서 실천해야 하는 신앙의 핵심 요소입니다.

인간의 언어로는 하나님과의 관계를 온전히 표현할 수 없다

기도자는 인간의 언어가 주님과의 관계를 온전히 설명하

기에 부족함을 인식합니다. "사람이 주님과 이야기할 때, 얼마나 이상한 언어로 말을 하는지요. 인간의 언어가 우리와 주님과의 관계를, 혹은 주님과 우리와의 관계를 서술하려 하면, 그 사용이 부적절해 보입니다."

인간의 한계를 인정하며, 우리가 얼마나 연약한 존재인지 깨닫게 합니다. 이는 로마서 8:26에서 성령님이 우리의 기도를 도우신다는 말씀과 연결됩니다. "이와 같이 성령도 우리의 연약함을 도우시나니 우리는 마땅히 기도할 바를 알지 못하나 오직 성령이 말할 수 없는 탄식으로 우리를 위하여 친히 간구하시느니라."

따라서, 우리는 우리의 힘으로는 주님을 기억할 수도, 바르게 기도할 수도 없으며, 오직 성령님의 도우심이 필요함을 인정해야 합니다.

주님의 고난을 기억하는 것은 삶의 모든 순간에서 이루어져야 한다

기도자는 주님의 고난을 기억하는 것이 특정한 시간에만 국한되지 않고, 우리의 삶 전체 속에서 지속적으로 이루어져야 함을 강조합니다.

"주님의 고난과 죽음이 우리에게 생각나도록,

가끔은 우리의 일터에서 우리에게 생각나도록,

우리의 기쁨과 슬픔 중에 우리에게 생각나도록,

주님께서 배신당한 그 밤이 우리에게 생각나도록,

주님께 기도합니다."

이는 우리의 삶 속에서 언제나 주님의 고난을 묵상하며 살아야 함을 의미합니다. 또한, 기쁨과 슬픔의 순간 모두에서 주님을 기억하는 것이 신앙의 중요한 요소임을 강조합니다.

이는 신명기 6:6-9에서 하나님께서 명령하신 방식과도 연결됩니다. "오늘 내가 네게 명하는 이 말씀을 너는 마음에 새기고 네 자녀에게 부지런히 가르치며 집에 앉았을 때에든지, 길을 갈 때에든지 누워 있을 때에든지, 일어날 때에든지 이 말씀을 강론할 것이며."

즉, 우리는 모든 삶의 순간에서 주님을 기억하고, 그분의 고난을 묵상하며 살아야 한다는 것입니다.

성찬을 통해 주님과의 교제를 새롭게 하라

기도는 마지막 부분에서 성찬을 통해 주님의 고난을 기억하고, 주님과의 관계를 새롭게 하기를 요청합니다.

"주님께서 생각나도록 해 주실 때, 우리가 주님께 감사를 드립니다. 주님과의 교제를 새롭게 하기 위해, 오늘 주님의 성찬대에 올라가는 모든 무리들과 함께, 우리가 주님께 감사를 드립니다."

이는 성찬을 단순한 종교적 의식이 아니라, 주님과의 깊은 영적 교제를 새롭게 하는 중요한 순간으로 바라보아야 함을 의미합니다.

결론: 주님의 고난을 기억하는 것이 우리의 신앙을 새롭게 한다

이 기도는 우리가 스스로의 힘으로는 주님의 고난을 온전히 기억할 수 없음을 인정하며, 주님께서 직접 우리에게 그것을 생각나게 해주실 것을 간구하는 기도입니다.

- 우리는 기쁨과 평안을 선호하며, 고난을 기억하는 것이 쉽지 않다.

- 주님의 고난을 기억하는 것은 단순한 감정이 아니라, 신앙의 핵심적인 요소이다.

- 우리의 언어와 능력만으로는 하나님과의 관계를 온전히 표현할 수 없다.

- 주님의 고난을 기억하는 것은 특정한 순간이 아니라, 삶의 모든 영역에서 이루어져야 한다.

- 성찬을 통해 주님과의 교제를 새롭게 해야 한다.

출처: 『성찬의 위로』 이창우 역 (세종: 카리스 아카데미, 2022), 129-31.

1. 나는 주님의 고난을 기억하는 것을 중요하게 여기고 있
   습니까? 예수님의 고난과 죽음을 얼마나 자주 묵상합니
   까?

   _____

   _____

   _____

2. 나는 삶에서 기쁨과 평안만을 원하며, 고난과 슬픔을 회
   피하려 하지 않습니까?

   _____

   _____

   _____

3. 나는 주님의 고난을 기억하는 것이 내 힘으로 가능하다고 착각하고 있지는 않습니까?

_____

_____

_____

4. 나는 성찬을 받을 때, 단순한 의식이 아니라, 주님의 고난을 깊이 묵상하는 시간으로 삼고 있습니까?

_____

_____

_____

_____

25 변함없이 성실하신 주님

주 예수 그리스도시여,
먼저 우리를 사랑하셨던 주님,[54]
처음부터 사랑했던 자들을 끝까지 사랑하셨던 주님,[55]
주님께 속하기 바랐던 모든 사람을
마지막 때까지 사랑하셨던 주님,

주님의 성실하심(faithfulness)은
자기를 부인하실 수 없습니다.

아아, 사람이 주님을 부인할 때만,
그가 사랑이신 주님마저도
억지로 그를 부인하도록 만듭니다.

우리가 저질렀던 죄로 인해 스스로를 기소할 때,

---

54   요한일서 4:19, "우리가 사랑함은 그가 먼저 우리를 사랑하셨음이
      라."
55   요한복음 13:1, "유월절 전에 예수께서 자기가 세상을 떠나 아버지
      께로 돌아가실 때가 이른 줄 아시고 세상에 있는 자기 사람들을 사랑
      하시되 끝까지 사랑하시니라."

이 말씀이 우리에게 위로가 되게 하소서.

우리가 실패한 일로 인해,
유혹에 넘어지는 연약함으로 인해,
선을 행하는 데에 느린 성장으로 인해,

다시 말해,
주님은 우리에게 성실하심을 약속하신 이후
처음부터 언제나 성실하셨건만
우리의 성실하지 않은 성품으로 인해,
스스로를 고발할 때,
이 말씀이 우리의 위로가 되게 하소서.

우리가 성실하지 않을지라도,
여전히 성실하신 주님,
주님은 스스로를 부인하실 수 없는 분이십니다.
이것이 우리의 위로가 되게 하소서.

Lord Jesus Christ, you who loved us first, you who until the last loved those whom you had loved from the beginning, you who until the end of time continue to love everyone who wants to belong to you-your faithfulness cannot deny itself. Alas, only when a person denies you can he force you, so to speak, you the loving one, also to deny him. May this be our comfort when we must indict ourselves for the offense we have committed, for what we have left undone, for our weakness in temptations, for our slow progress in the good, that is, for our unfaithfulness to you, to whom we once in our early youth and repeatedly thereafter promised faithfulness-may it be our comfort that even if we are unfaithful you still remain faithful; you cannot deny yourself.

이 기도는 우리의 연약함과 불성실함에도 불구하고, 예수 그리스도께서 끝까지 성실하심을 약속하신 분이라는 깊은 신뢰를 표현합니다. 예수님은 처음부터 사랑하신 자들을 끝까지 사랑하셨으며, 그 사랑은 변함이 없습니다. 인간은 때때로 자신의 죄로 인해 스스로를 정죄하고, 실패와 연약함으로 인해 낙심하지만, 예수님은 여전히 성실하십니다. 우리의 연약함이 주님의 성실하심을 바꿀 수 없다는 사실이 우리의 위로가 되어야 합니다.

이는 디모데후서 2:13과 직접 연결됩니다. "우리는 믿음을 저버릴지라도 주는 성실하시니 자기를 부인하실 수 없으시리라." 우리의 성실함이 부족하더라도, 주님은 변함없이 성실하시며, 그분의 사랑과 약속은 변하지 않습니다.

예수님의 사랑은 끝까지 지속된다

기도는 예수님의 변함없는 사랑을 강조하며 시작됩니다.

"먼저 우리를 사랑하셨던 주님, 처음부터 사랑했던 자들을 끝까지 사랑하셨던 주님, 주님께 속하기 바랐던 모든 사람을 마지막 때까지 사랑하셨던 주님."

이는 요한복음 13:1에서 예수님께서 제자들에게 하셨던 사랑과 동일한 것입니다.

"유월절 전에 예수께서 자기가 세상을 떠나 아버지께로 돌아가실 때가 이른 줄 아시고, 세상에 있는 자기 사람들을 사랑하시되 끝까지 사랑하시니라."

예수님은 처음부터 사랑하신 자들을 끝까지 사랑하시며, 그 사랑은 중간에 변하지 않습니다. 우리의 성실함과 관계없이, 예수님은 우리를 끝까지 붙들고 계시는 분이십니다.

인간의 불성실함과 하나님의 성실하심

기도는 인간의 불성실함을 인정합니다.

"아아, 사람이 주님을 부인할 때만, 그가 사랑이신 주님마저도 억지로 그를 부인하게 만듭니다."

이는 인간이 자신의 죄와 연약함 속에서 스스로를 부인하며, 하나님을 떠나기도 한다는 사실을 인정하는 표현입니다. 그러나 주님의 성실하심은 우리의 상태와 상관없이 변함이 없습니다. 이는 로마서 3:3-4와도 연결됩니다.

"어떤 자들이 믿지 아니하였으면 어찌하리요? 그들의 믿지 아니함이 하나님의 미쁘심(성실하심)을 폐하겠느냐? 그럴 수 없느니라!"

즉, 인간이 성실하지 않더라도, 하나님의 성실하심은 변하지 않습니다. 예수님이 우리를 부인하셨다고 할 때, 그것은 예수님께서 우리를 향한 사랑을 저버리셨다는 것을 의미하지 않습니다. 예수님은 언제나 사람을 사랑하신다는 점에서는 성실하십니다. 다만 주님의 사랑은 우리를 강요하시지 않습니다.

예를 들어, 사람이 주님께 전화를 걸면 주님은 언제나 사람의 전화를 받으십니다. 다만 주님은 사람이 그분의 전화를 받기를 기다리고 계십니다. 이런 의미에서 사람이 주님을 시인하면 주님도 그를 시인하지만, 사람이 주님을 부인하면 주님도 그를 부인하실 수밖에 없습니다(마 10:32-33, 요 6:35-40, 7:37-39).

죄책감과 실패 속에서도 성실하신 주님을 신뢰해야 한다

기도자는 우리가 죄와 실패 속에서 스스로를 정죄할 때, 주님의 성실하심이 위로가 되어야 함을 강조합니다.

"우리가 저질렀던 죄로 인해 스스로를 기소할 때, 이 말씀이 우리에게 위로가 되게 하소서."

우리는 종종 죄책감과 연약함 때문에 낙심하지만, 주님께서는 여전히 우리를 사랑하시고, 성실하게 우리를 붙들고 계십니다. 이는 요한일서 3:20의 말씀과도 연결됩니다.

"무릇 우리 마음이 우리를 책망할 일이 있어도, 하나님은 우리 마음보다 크시고 모든 것을 아시느니라."

즉, 우리가 스스로를 정죄할 때조차도, 하나님은 우리의 연약함을 아시며, 여전히 성실하십니다.

주님은 스스로를 부인하실 수 없는 분이시다

기도는 주님의 성실하심이 흔들리지 않는 근거를 설명합니다. "주님의 성실하심은 자기를 부인하실 수 없습니다."

이는 디모데후서 2:13에서 말하는, "우리는 성실하지 않아도, 주는 성실하시니 자기를 부인하실 수 없으시리라."라는 말씀과 직접 연결됩니다. 하나님은 성실하신 분이시며, 그분의 성실하심은 인간의 상태와 상관없이 지속됩니다. 따라서, 우리가 실수하고 실패할 때조차도, 하나님께서는 여전히 우리를 사랑하시고 붙드십니다.

우리의 위로는 주님의 성실하심에 있다

기도는 결론적으로 우리의 위로는 우리의 성실함이 아니라, 주님의 성실하심에 있음을 강조합니다. "우리가 성실하지 않을지라도, 여전히 성실하신 주님, 주님은 스스로를 부인하실 수 없는 분이십니다. 이것이 우리의 위로가 되게 하소서."

우리는 우리의 불완전함과 실패 속에서도, 주님께서 우리를 붙드시며 끝까지 사랑하신다는 사실에서 위로를 받아야 합니다. 이는 빌립보서 1:6에서 바울이 선포한 말씀과도 연결됩니다.

"너희 속에 착한 일을 시작하신 이가 그리스도 예수의 날까지 이루실 줄을 우리는 확신하노라."

즉, 우리가 성실하지 않아도, 주님께서는 성실하게 우리를 붙드시고, 끝까지 우리를 지키십니다.

출처: 『성찬의 위로』 이창우 역 (세종: 카리스 아카데미, 2022), 157-8.

적용

1. 나는 예수님께서 처음부터 끝까지 변함없이 우리를 사랑하신다는 사실을 진정으로 믿고 있습니까?

2. 나는 실패와 죄책감 속에서 주님의 성실하심을 바라보고 있습니까?

3. 나는 신실하지 못한 나 자신을 정죄하는 대신, 주님의 신실하심을 바라보고 있습니까?

_____

_____

_____

4. 나는 주님의 성실하심을 본받아, 나도 사람들에게 신뢰할 수 있는 존재가 되려고 노력합니까?

_____

_____

_____

_____

26 하나님의 크심을 기억하는 기도

오, 크신 하나님,[56]
우리가 기껏해야 거울을 보는 것처럼 희미하게[57] 주님을 안다 해도, 주님의 그 크심에 놀라 예배합니다.

언젠가 주님의 크심을 완전하게 안다면,
얼마나 더욱 이 크심에 놀라 찬양하겠습니까!

둥근 하늘 아래 내가 창조의 놀라움에 둘러싸여 서 있을 때,
무한한 공간에서 가볍게 별을 붙들고 계신 주님, 아버지의
심정으로 저 작은 참새 한 마리도 걱정하시는 주님,[58]이 크심

---

56 이와 관련하여서는 다음을 참고하라.
시편 77:13, "하나님이여 주의 도는 극히 거룩하시오니, 하나님과 같이 위대하신 신이 누구오니이까"
시편 86:10, "무릇 주는 위대하사 기이한 일들을 행하시오니 주만이 하나님이시니이다."

57 고린도전서 13:12, "우리가 지금은 거울로 보는 것 같이 희미하나 그 때에는 얼굴과 얼굴을 대하여 볼 것이요 지금은 내가 부분적으로 아나 그 때에는 주께서 나를 아신 것 같이 내가 온전히 알리라."

58 마태복음 10:29, "참새 두 마리가 한 앗사리온에 팔리지 않느냐 그러나 너희 아버지께서 허락하지 아니하시면 그 하나도 땅에 떨어지지 아니하리라."

에 사로잡히고 놀라 주님을 찬양합니다.

그러나 우리가 여기 주님의 거룩한 집에 모일 때, 더 깊은 의미에서 사방팔방이 주님의 크심을 기억하게 하는 것들로 둘러싸입니다. 세상의 창조주요, 유지자이신 주님, 주님은 크십니다.

그러나 오 하나님,
주님께서 세상의 죄를 용서하시고 타락한 인류와 화해하셨을 때, 이런 이해할 수 없는 긍휼에서 주님은 얼마나 더욱 크신지요! 그때, 우리가 이 거룩한 주님의 집에서 믿음으로 주님을 향한 찬양과 감사와 경배를 드리지 않을 수 있겠습니까!

이곳에서 이 모든 것들로 인해 주님의 크심을 기억합니다. 특별히 오늘 여기에 모인 무리들이 죄 용서를 받기 위해 모였기에, 그리스도 안에서 주님과의 새롭게 된 화해에 감사를 드리기 위해 모였기에, 더욱 주님의 크심을 기억합니다.

Great are you, O God; although we know you only as in an obscure saying and as in a mirror, yet in wonder we worship your greatness-how much more we shall praise it at some time when we come to know it more fully! When under the arch of heaven I stand surrounded by the wonders of creation, I rapturously and adoringly praise your greatness, you who lightly hold the stars in the infinite and concern yourself fatherly with the sparrow. But when we are gathered here in your holy house we are also surrounded on all sides by what calls to mind your greatness in a deeper sense. You are indeed great, Creator and Sustainer of the world; but when you, O God, forgave the sin of the world and reconciled yourself with the fallen human race, then you were even greater in your incomprehensible compassion! How would we not, then, in faith praise and thank and worship you here in your holy house, where everything reminds us of this, especially those who are gathered here today to receive the forgiveness of sins and to appropriate anew reconciliation with you in Christ!

해설

이 기도는 하나님의 크심(위대하심, Majesty)에 대한 경외와 찬양을 표현하며, 특히 창조주로서의 크심과 죄 용서를 통한 크심을 강조합니다. 우리는 지금 하나님을 거울을 보는 것처럼 희미하게 알지만, 언젠가 완전하게 알게 될 날이 올 것입니다(고전 13:12). 하나님의 크심은 단순히 우주를 창조하고 유지하시는 능력에서 드러나는 것이 아니라, 인간의 죄를 용서하고 화해를 이루시는 긍휼에서 더욱 완전하게 나타납니다. 예배의 중심은 바로 이 크신 하나님을 기억하며, 죄 용서를 통한 하나님의 놀라운 사랑과 은혜에 감격하며 감사하는 것입니다.

하나님의 크심을 부분적으로밖에 알지 못하는 우리의 한계

기도는 먼저 우리의 지식이 제한되어 있지만, 그럼에도 하나님을 경배하는 것이 마땅함을 강조합니다. "우리가 기껏

해야 거울을 보는 것처럼 희미하게 주님을 안다 해도, 주님의 그 크심에 놀라 예배합니다."

이는 고린도전서 13:12에서 바울이 말한 것과 연결됩니다.

"우리가 지금은 거울로 보는 것 같이 희미하나 그때에는 얼굴과 얼굴을 대하여 볼 것이요."

우리는 지금 하나님의 크심을 완전히 이해하지 못하지만, 그 크심을 묵상하며 경배하는 것이 신앙의 본질입니다. 그리고 하나님의 크심을 온전히 알게 될 날이 올 때, 우리는 더욱더 놀라며 찬양하게 될 것입니다.

하나님의 창조와 섭리를 통한 크심

기도자는 하나님의 크심이 창조와 섭리를 통해 드러남을 강조합니다. "둥근 하늘 아래 내가 창조의 놀라움에 둘러싸여 서 있을 때, 무한한 공간에서 가볍게 별을 붙들고 계신 주님, 아버지의 심정으로 저 작은 참새 한 마리도 걱정하시는 주님." 이는 시편 19:1에서 선포된 하나님의 영광과 연결됩니다.

"하늘이 하나님의 영광을 선포하고, 궁창이 그의 손으로 하신 일을 나타내는도다."

또한, 마태복음 10:29에서 예수님께서 말씀하신 내용과도 연관됩니다.

"참새 두 마리가 한 앗사리온에 팔리는 것이 아니냐? 그러나 너희 아버지께서 허락하지 아니하시면 그 하나도 땅에 떨어지지 아니하리라."

즉, 하나님은 우주의 질서를 유지하시는 크신 분이시며, 동시에 작은 생명 하나도 세밀하게 돌보시는 섬세한 사랑의 하나님이십니다.

하나님의 크심이 더욱 분명하게 드러나는 순간: 죄 용서를 통한 긍휼

기도는 하나님의 창조주로서의 크심보다, 죄 용서를 통

한 크심이 더욱 경이롭다는 점을 강조합니다. "그러나 오 하나님, 주님께서 세상의 죄를 용서하시고 타락한 인류와 화해하셨을 때, 이런 이해할 수 없는 긍휼에서 주님은 얼마나 더욱 크신지요!"

이는 시편 103:12에서 선포된 하나님의 긍휼과 연결됩니다.

"동이 서에서 먼 것 같이 우리의 죄과를 우리에게서 멀리 옮기셨으며."

또한, 고린도후서 5:19에서 바울이 말한 화해의 복음과도 연결됩니다.

"곧 하나님께서 그리스도 안에 계시사 세상을 자기와 화목하게 하시며 그들의 죄를 그들에게 돌리지 아니하시고 화목하게 하는 말씀을 우리에게 부탁하셨느니라."

즉, 하나님의 창조의 크심보다, 죄인을 용서하시고 회복하시는 크심이 더욱 경이롭고 놀라운 은혜임을 강조합니다.

예배는 하나님의 크심을 기억하며, 죄 용서에 대한 감사
로 드리는 것이다

기도자는 예배가 단순히 하나님을 찬양하는 시간이 아니라, 죄 용서를 통해 하나님과 화해한 것을 기억하는 시간임을 강조합니다. "그때, 우리가 이 거룩한 주님의 집에서 믿음으로 주님을 향한 찬양과 감사와 경배를 드리지 않을 수 있겠습니까!"

하나님의 크심은 단순히 우리를 경외하게 만들 뿐만 아니라, 그 크신 긍휼과 용서가 우리를 감격하게 하고, 찬양하게 만듭니다. 이는 히브리서 12:28에서 말하는 예배자의 자세와도 연결됩니다.

"그러므로 우리가 흔들리지 않는 나라를 받았으니 은혜를 받자. 이로 말미암아 경건함과 두려움으로 하나님을 기쁘시게 섬길지니."

하나님의 크심을 기억하는 이유: 죄 용서를 받은 우리가
화해의 기쁨을 누리기 위해

기도자는 최종적으로 이 기도가 예배 가운데 드려지며, 특별히 죄 용서를 받은 공동체가 함께 드리는 찬양임을 강조합니다. "이곳에서 이 모든 것들로 인해 주님의 크심을 기억합니다. 특별히 오늘 여기에 모인 무리들이 죄 용서를 받기 위해 모였기에, 그리스도 안에서 주님과의 새롭게 된 화해에 감사를 드리기 위해 모였기에, 더욱 주님의 크심을 기억합니다."

즉, 예배는 단순한 찬양이 아니라, 죄 용서를 받은 우리가 하나님의 크심을 찬양하는 자리임을 강조합니다. 이는 로마서 5:1에서 말하는 화해의 은혜와 연결됩니다.

"그러므로 우리가 믿음으로 의롭다 하심을 받았으니 우리 주 예수 그리스도로 말미암아 하나님과 화평을 누리자."

즉, 하나님의 크심은 창조의 능력보다, 죄인을 용서하고 화해를 이루시는 사랑에서 더욱 온전히 나타납니다.

결론: 하나님의 크심을 기억하며, 죄 용서를 통한 경이로운 사랑에 찬양을 드리라

이 기도는 하나님의 크심을 묵상하며, 창조주로서의 크심뿐만 아니라, 죄 용서를 통한 긍휼의 크심을 찬양하는 예배자의 자세를 강조합니다.

- 우리는 하나님을 희미하게 알지만, 그 크심에 경배해야 한다.
- 하나님의 창조와 섭리는 경이로우며, 그의 크심을 드러낸다.
- 그러나 하나님의 크심은 죄 용서를 통해 더욱 위대하게 나타난다.
- 예배는 하나님의 크심을 기억하며, 죄 용서를 통한 감사로 드려야 한다.
- 우리는 죄 용서를 받은 자로서, 하나님과의 화해를 기뻐하며 찬양해야 한다.

출처: 『성찬의 위로』 이창우 역 (세종: 카리스 아카데미, 2022), 181-2.

1. 나는 하나님의 크심을 창조의 경이로움 속에서 묵상한 적이 있습니까?

_____

_____

_____

2. 하지만 하나님의 크심을 부분적으로만 이해하고 있지는 않습니까? 나는 하나님의 크심이 죄인을 용서하시고 화해를 이루시는 사랑에서 더욱 온전히 나타남을 깨닫고 있습니까?

_____

_____

3. 나는 하나님의 크심이 단순한 능력의 크심이 아니라, 죄인을 용서하시고 화해를 이루시는 사랑의 크심임을 알고 있습니까?

27 성찬 — 주님께서 남기신 축복의 식탁

타락한 인류에게
복을 주시기 위해 하늘에서 내려오신 주님,[59]
가난하고 비천하게 이 땅을 걸으셨던 주님,

이 땅에서 무시당하고, 배신당하고, 조롱받고,
정죄를 받았으나 축복하신 주님,
축복하시면서 떠나셨던 주님,
다시 하늘에 올라가신 주님,

우리의 구주와 속죄자이신 주여,
오늘 여기에 모인 사람들도 축복하여 주옵소서.
주님을 기념하기 위해 이 거룩한 음식을 나눌 때 축복하여
주옵소서.

오, 모든 식사에는 언제나 부족한 것이 있습니다. 그러나 축

---

59   요한복음 3:13, "하늘에서 내려온 자 곧 인자 외에는 하늘에 올라간
    자가 없느니라."

복이 부족하다면, 주께서 복 주시지 않는다면, 이 주의 만찬은 무슨 소용이 있겠습니까?

하지만 그럴 일은 없을 것입니다. 왜냐하면 이 성찬이 축복의 식사이기 때문입니다

· · ·

You who came down from heaven to bring blessing to the fallen human race, you who walked here upon earth in poverty and lowliness, despised, betrayed, insulted, condemned-but blessing; you who while blessing were parted from your own, you who ascended again into heaven: our Savior and Redeemer, bless also those who are assembled here today, bless their taking part in this holy meal in your remembrance. Oh, there is always something lacking in every meal, but if the blessing is lacking, what would this Lord's Supper be without your blessing; it would not exist at all, since it is indeed the meal of the blessing!

　이 기도는 예수 그리스도의 축복과 희생을 묵상하며, 성찬이 단순한 의식이 아니라 주님의 축복이 임하는 거룩한 식사임을 강조합니다. 예수님은 타락한 인류를 축복하기 위해 이 땅에 오셨으며, 가난하고 비천한 삶을 사셨습니다. 십자가에서 고난을 받으셨지만, 그 고난 속에서도 인류를 축복하셨으며, 떠나시면서도 축복을 남기셨습니다. 주님의 만찬은 단순한 음식이 아니라, 하나님께서 우리를 축복하시고자 주신 성스러운 은혜의 자리입니다. 이 만찬은 단순한 기념이 아니라, 실제로 주님의 축복이 임하는 거룩한 식탁이며, 성찬을 통해 우리는 주님의 임재를 경험합니다.

예수님의 오심: 타락한 인류를 위한 축복의 시작

　기도는 먼저 예수님의 성육신을 강조합니다. "타락한 인류에게 복을 주시기 위해 하늘에서 내려오신 주님, 가난하고 비천하게 이 땅을 걸으셨던 주님."

이는 요한복음 1:14에서 말씀하신 성육신의 의미와 연결됩니다.

"말씀이 육신이 되어 우리 가운데 거하시매, 우리가 그의 영광을 보니 아버지의 독생자의 영광이요 은혜와 진리가 충만하더라."

예수님께서 이 땅에 오신 것은 단순한 방문이 아니라, 타락한 인류를 구원하고 축복하기 위함이었습니다.

예수님의 삶: 가난과 고난 속에서도 축복하신 주님

기도는 예수님의 지상 사역 동안 그분이 받은 고난과 동시에 주신 축복을 강조합니다. "이 땅에서 무시당하고, 배신당하고, 조롱받고, 정죄를 받았으나 축복하신 주님."

이는 마태복음 5:11-12에서 예수님께서 제자들에게 가르치신 축복과도 연결됩니다.

"나로 말미암아 너희를 욕하고 박해하고 거짓으로 너희를 거슬러 모든 악한 말을 할 때에는 너희에게 복이 있나니 기뻐하고 즐거워하라. 하늘에서 너희의 상이 큼이라."

예수님께서는 고난과 배신 속에서도 축복하는 삶을 사셨으며, 이를 통해 하나님 나라의 진리를 보여주셨습니다.

예수님의 승천: 축복을 남기고 떠나신 주님

기도자는 예수님께서 세상을 떠나시면서도 제자들을 축복하셨음을 강조합니다. "축복하시면서 떠나셨던 주님, 다시 하늘에 올라가신 주님."

이는 누가복음 24:50-51에서 예수님의 승천 장면과 연결됩니다.

"예수께서 그들을 데리고 베다니 앞까지 나가사 손을 들어 그들에게 축복하시더니, 축복하실 때에 그들을 떠나 하늘로 올려지시니."

예수님은 떠나시면서도 제자들에게 축복을 남기셨고, 그 축복은 오늘날 우리에게도 여전히 유효합니다.

성찬의 의미: 축복이 임하는 거룩한 식사

기도자는 성찬의 중요성을 강조하며, 성찬이 단순한 기념이 아니라, 실제로 주님의 축복이 임하는 식사임을 강조합니다. "우리의 구주와 속죄자이신 주여, 오늘 여기에 모인 사람들도 축복하여 주옵소서. 주님을 기념하기 위해 이 거룩한 음식을 나눌 때 축복하여 주옵소서."

이는 고린도전서 10:16에서 바울이 성찬에 대해 말한 내용과 연결됩니다.

"우리가 축복하는 바 축복의 잔은 그리스도의 피에 참여함이 아니며, 우리가 떼는 떡은 그리스도의 몸에 참여함이 아니냐?"

성찬은 단순한 의식이 아니라, 주님의 임재를 경험하는 순간이며, 그분의 축복을 받는 자리입니다.

성찬이 축복의 식사임을 확신하는 신앙
기도자는 마지막으로 성찬이 반드시 축복이 되는 식사임

을 확신하며 선언합니다. "오, 모든 식사에는 언제나 부족한 것이 있습니다. 그러나 축복이 부족하다면, 주께서 복 주시지 않는다면, 이 주의 만찬은 무슨 소용이 있겠습니까?"

그러나 이어서 이 성찬이 주님께서 친히 축복하시는 식사이기에, 축복이 결코 부족하지 않음을 확신합니다. "하지만 그럴 일은 없을 것입니다. 왜냐하면 이 성찬이 축복의 식사이기 때문입니다."

이는 예수님께서 마태복음 26:26-28에서 성찬을 제정하실 때, 떡과 잔을 축복하셨던 것과 연결됩니다.

"예수께서 떡을 가지사 축복하시고 떼어 제자들에게 주시며 이르시되, 받아서 먹으라. 이것은 내 몸이니라."

즉, 성찬은 예수님께서 친히 복 주신 거룩한 식탁이며, 이를 통해 우리는 하나님의 은혜를 경험합니다.

결론: 성찬은 주님의 축복이 임하는 은혜의 자리이다

이 기도는 예수님의 성육신, 사역, 십자가의 고난, 승천을 통해 이루신 축복이 성찬을 통해 우리에게 임한다는 신앙을 고백합니다.

- 예수님은 타락한 인류를 축복하기 위해 이 땅에 오셨다.
- 예수님은 고난과 배신 속에서도 인류를 축복하셨다.
- 예수님은 떠나시면서도 축복을 남기셨으며, 그 축복은 오늘날 우리에게도 여전히 유효하다.
- 성찬은 단순한 기념이 아니라, 주님의 축복이 임하는 거룩한 식사이다.
- 성찬을 받는 우리는 하나님의 은혜와 축복을 확신하며 감사해야 한다.

출처: 『성찬의 위로』 이창우 역 (세종: 카리스 아카데미, 2022), 207.

적용

1. 나는 성찬이 단순한 의식이 아니라, 주님의 실제적인 축복이 임하는 자리임을 믿고 있습니까?

_____

_____

_____

2. 나는 성찬을 받을 때, 단순히 형식적으로 참여하는 것이 아니라, 주님의 임재를 간절히 구하고 있는가?

_____

_____

_____

_____

3. 나는 성찬이 나를 축복하기 위한 주님의 사랑의 표현임을 믿고 있는가?

_____

_____

_____

4. 나는 성찬을 받을 준비가 되어 있습니까? 나는 성찬을 받기 전에 내 마음을 준비하며, 주님 앞에 회개하고 있습니까?

_____

_____

_____

28 마음을 성전으로 만들기 위한 기도

주여,

우리의 마음을 주께서 거하실 성전으로 만드소서.[60]

우상 다곤이 언약궤 앞에서 엎드러진 것처럼,[61]

모든 더러운 생각, 모든 세속적인 욕망이

매일 아침 언약궤 발치에서 짓밟히게 하소서.

우리에게 혈과 육을 다스리는 법을 가르쳐 주시고,

그것이 피의 제물이 되어 사도와 함께

"나는 날마다 죽노라"라고 말할 수 있게 하소서.[62]

---

60   바울이 고린도 교인들에게 "너희는 너희가 하나님의 성전인 것과 하나님의 성령이 너희 안에 거하시는 것을 알지 못하느냐?"라고 쓴 고린도전서 3장 16절에 나오는 구절이다. 고린도전서 6:19 및 고린도후서 6:16도 참조하라.

61   사무엘상 5:3-4, "아스돗 사람들이 이튿날 일찍이 일어나 본즉 다곤이 여호와의 궤 앞에서 엎드러져 그 얼굴이 땅에 닿았는지라 그들이 다곤을 일으켜 다시 그 자리에 세웠더니 그 이튿날 아침에 그들이 일찍이 일어나 본즉 다곤이 여호와의 궤 앞에서 또다시 엎드러져 얼굴이 땅에 닿았고 그 머리와 두 손목은 끊어져 문지방에 있고 다곤의 몸뚱이만 남았더라"

62   고린도전서 15:31, "형제들아 내가 그리스도 예수 우리 주 안에서

1839년 1월 20일

—JP:3374, NB DD:202, Pap. II A 334, 1839년 1월 20일

. . .

Lord! make our hearts into your temple, in which you take up residence. Let every unclean thought, every earthly desire be found, like the idol Dagon, shattered each morning at the base of the Ark of the Covenant. Teach us to master flesh and blood, and let it be the bloody sacrifice, so that we may say with the apostle: I die daily.

20 Jan. 39

가진 바 너희에 대한 나의 자랑을 두고 단언하노니 나는 날마다 죽노라"

이 기도는 우리의 마음을 하나님이 거하시는 성전으로 삼기 위한 결단과 영적 투쟁을 담고 있습니다. 성경에서 하나님의 임재가 있는 곳에는 우상이 설 수 없었습니다. 블레셋 사람들이 하나님의 언약궤를 다곤 신전으로 가져갔을 때, 다곤 신상이 하나님 앞에서 엎드러졌습니다(사무엘상 5:1-4).

이와 같이, 우리의 마음이 주님의 성전이 될 때, 더러운 생각과 세속적 욕망은 무너져야 합니다. 또한, 육체의 정욕을 다스리는 것은 단순한 결심이 아니라, 매일의 영적 싸움이며, "나는 날마다 죽노라"라는 바울의 고백(고린도전서 15:31)처럼 지속적인 자기 부인의 과정입니다.

우리의 마음을 주님께서 거하실 성전으로 만들기 위한 기도

기도는 먼저 우리의 마음이 주님이 거하실 거룩한 성전

이 되기를 간구합니다. "주여, 우리의 마음을 주께서 거하실 성전으로 만드소서."

이는 고린도전서 3:16-17에서 바울이 말한 성도의 몸과 마음이 하나님의 성전임을 강조하는 것과 연결됩니다.

"너희가 하나님의 성전인 것과 하나님의 성령이 너희 안에 거하시는 것을 알지 못하느냐? 누구든지 하나님의 성전을 더럽히면 하나님이 그 사람을 멸하시리라. 하나님의 성전은 거룩하니 너희도 그러하니라."

우리의 마음이 하나님의 성전이라면, 그 안에 우상과 세속적인 욕망이 자리할 수 없습니다.

다곤 신상이 무너진 것처럼, 우리의 우상이 무너지기를 구하는 기도

기도자는 사무엘상 5장에 나오는 다곤 신상의 몰락을 비유하여, 우리의 마음속 모든 더러운 것들이 무너지기를 간구합니다. "우상 다곤이 언약궤 앞에서 엎드러진 것처럼 모든 더러운 생각, 모든 세속적인 욕망이 매일 아침 언약궤 발치에서 짓밟히게 하소서."

사무엘상 5:3-4에서는 블레셋 사람들이 하나님의 언약궤를 다곤 신전으로 옮겼을 때, 다곤 신상이 두 번이나 넘어졌음을 기록합니다.

"아스돗 사람들이 이튿날 일찍이 일어나 본즉 다곤이 여호와의 궤 앞에서 얼굴을 땅에 대고 엎드러졌더라. 그들이 다곤을 일으켜 다시 그 자리에 세웠더니 그 이튿날 아침에 일어나 본즉 다곤이 여호와의 궤 앞에서 또다시 얼굴을 땅에 대고 엎드러졌고 그의 머리와 두 손목이 끊어져 문지방에 있고 몸뚱이만 남았더라."

우리의 마음에 자리 잡은 우상(세속적 욕망과 죄의 습관)들도 하나님 앞에서 무너져야 합니다. 그것이 단 한 번의 결단이 아니라, 매일 아침 이루어져야 하는 지속적인 영적 싸움임을 강조합니다.

기도자는 육체의 정욕을 다스리는 것이 피의 제물이 되는 것과 같다고 표현하며, 바울의 고백을 인용하여 매일 죽는 신앙을 강조합니다. "우리에게 혈과 육을 다스리는 법을 가르쳐 주시고, 그것이 피의 제물이 되어 사도와 함께 '나는 날마다 죽노라'라고 말할 수 있게 하소서."

바울은 고린도전서 15:31에서 "나는 날마다 죽노라"라고 선언합니다.

"형제들아, 내가 그리스도 예수 우리 주 안에서 가진 너희에 대한 나의 자랑을 두고 단언하노니 나는 날마다 죽노라."

바울의 "날마다 죽는다"는 고백은 자신의 육체적 욕망과 세속적 자아를 철저히 부인하고, 오직 그리스도를 따르는 삶을 의미합니다. 로마서 12:1에서도 바울은 신앙인의 삶이 살아 있는 제사가 되어야 함을 강조합니다.

"그러므로 형제들아 내가 하나님의 모든 자비하심으로

너희를 권하노니 너희 몸을 하나님이 기뻐하시는 거룩한 산 제물로 드리라. 이는 너희가 드릴 영적 예배니라.”

우리의 마음이 성전이라면, 그 성전을 더럽히지 않기 위해 우리는 날마다 죄를 죽이고 거룩함을 추구해야 합니다.

결론: 우리의 마음을 성전으로 만들기 위해 매일 영적 싸움을 하라

이 기도는 단순한 결단이 아니라, 날마다 지속되는 영적 싸움과 훈련의 필요성을 강조합니다.

- 우리의 마음은 하나님의 성전이며, 주님께서 거하셔야 한다.
- 하나님의 임재 앞에서 우리의 우상(세속적 욕망과 죄)은 무너져야 한다.
- 이 과정은 한 번의 결단이 아니라, 매일 아침마다 이루어져야 하는 영적 싸움이다.
- 바울처럼 “나는 날마다 죽노라”는 고백을 하며, 육체의 정욕을 다스리는 삶을 살아야 한다.

이 기도는 우리에게 이렇게 도전합니다.

- "나는 매일 아침, 내 마음의 우상이 하나님 앞에서 무너지는 것을 경험하고 있는가?"
- "나는 날마다 내 육체의 욕망을 죽이고, 거룩한 삶을 살기 위해 노력하고 있는가?"
- "내 마음을 성전으로 삼으시려는 하나님 앞에서, 나는 순결한 성전이 되고자 갈망하는가?"

우리는 단순한 결단이 아니라, 매일의 싸움을 통해 우리의 마음을 하나님께서 거하실 성전으로 만들어가야 합니다.

"주님, 저의 마음을 성전으로 삼아 주소서.

매일 아침, 저의 모든 죄악과 욕망이

주님의 임재 앞에서 무너지게 하소서.

그리고 바울처럼 날마다 죽는 신앙을 실천하게 하소서!"

적용

1. 나는 하나님의 임재가 내 삶에 더욱 깊이 자리 잡도록 내
   마음을 정결하게 하고 있습니까?

   _____

   _____

   _____

2. 나는 하나님보다 더 사랑하는 것, 하나님을 대신하여 내
   삶을 지배하는 우상이 있습니까?

   _____

   _____

   _____

   _____

3. 나는 바울처럼 "나는 날마다 죽노라"라고 고백할 만큼, 내 육체의 정욕과 자아를 내려놓고 있습니까?

_____

_____

_____

4. 나는 매일 아침 하나님과 동행하며 새롭게 시작합니까?

_____

_____

_____

29 하나님의 부르심에 집중하는 삶

하나님,
제가 해야 할 일을 생각할 수 있는 힘을 주시고,
선지자 엘리사에게 명령하셨던 것처럼
저에게 가르치시고 명령하소서.

길을 가다가 사람을 만나면 인사하지 말고,
그가 인사해도 다시 인사하지 말라고 하소서.

하나님,
제가 해야 할 일과 주님께서 제게 맡기신 일만
생각할 수 있는 힘을 주소서.

옛날에 선지자 엘리사에게 명하신 대로[63]
저에게 그 길을 따라 걷게 하소서.

---

63   열왕기하 4장 29절에서 엘리사에게 명령하는 자는 하나님이 아니
      라 엘리사가 그의 종 게하시에게 아무에게도 인사하지 말라고 명령
      하는 것을 암시한다. 엘리사는 9세기 북왕국의 선지자였으며, 그에
      관한 이야기는 열왕기하 2장에서 13장까지에 나와 있다. 이 부분의
      덴마크어 표현은 엘리사이며, 영역본 '엘리야'는 오역이다.

"길을 가다가 누군가를 만나면 인사하지 말고, 그가 인사해
도 대답하지 말라."

1839년 1월 22일

—*JP:3375, NB DD:204, Pap. II A 336, 1839년 1월 22일*

• • •

God, give me strength to think only of what I have to
do and what you assign to me; bid me walk accordingly
as of old you commanded the prophet Elijah: If you meet
someone on the way, do not greet him, and if he greets you,
do not return the greeting.—22 Jan. 39

해설

이 기도는 하나님의 부르심에 집중하는 삶을 간구하며, 사명을 수행하는 동안 주변의 방해에 흔들리지 않도록 해달라는 간절한 요청을 담고 있습니다. 기도자는 하나님의 뜻과 자신이 해야 할 일에 온전히 몰두하기를 원하며, 사람들의 관심과 세상의 잡다한 일들에 신경 쓰지 않기를 간구합니다.

하나님의 사명에 집중할 수 있는 힘을 구하는 기도

기도자는 먼저 하나님께서 자신이 해야 할 일을 깨닫게 하시고, 그 일에 집중할 수 있는 힘을 주시기를 간구합니다.

"하나님, 제가 해야 할 일을 생각할 수 있는 힘을 주시고, 선지자 엘리사에게 명령하셨던 것처럼 저에게 가르치시고 명령하소서."

이는 잠언 4:25-27의 말씀과 연결됩니다.

"네 눈은 바로 보며 네 눈꺼풀은 네 앞을 곧게 살펴 네 발이 행할 길을 평탄하게 하며 네 모든 길을 든든히 하라. 우편으로나 좌편으로 치우치지 말고 네 발을 악에서 떠나게 하라."

기도자는 하나님께서 자신에게 맡기신 일을 명확히 알고, 그 일에 흔들림 없이 나아가기를 원합니다.

선지자처럼 사명을 위해 방해받지 않는 삶을 요청
기도자는 하나님의 사명을 수행하는 동안, 세상의 방해와 혼란에 휩쓸리지 않기를 원합니다.

"길을 가다가 사람을 만나면 인사하지 말고, 그가 인사해도 다시 인사하지 말라고 하소서."

이는 열왕기하 4:29에서 엘리사가 자신의 사환 게하시에게 했던 명령을 반영합니다.

"엘리사가 게하시에게 이르되 네 허리를 묶고 내 지팡이를 손에 가지고 가라. 가는 길에 사람을 만나거든 인사하지 말며 사람이 네게 인사하거든 대답하지 말고 내 지팡이를 그 아이의 얼굴에 놓으라."

여기서 엘리사는 게하시가 오직 하나님의 사명을 위해

집중하기를 원했으며, 사람들과의 대화가 그의 집중력을 흐트러뜨릴 것을 염려했습니다. 기도자는 자신도 동일한 태도를 갖기를 원하며, 세상의 유혹이나 방해 요소들에 흔들리지 않고 맡겨진 길을 걸어가기를 원합니다.

하나님께서 맡기신 길을 따를 수 있도록 간구

"옛날에 선지자 엘리사에게 명하신 대로 저에게 그 길을 따라 걷게 하소서."

이 문장은 키르케고르의 글에서 자주 나타나는 독특한 '성경적 재배열' 또는 '실존적 전이'의 예라고 할 수 있습니다. 엘리사가 종에게 한 말을, 기도하는 화자는 하나님께서 자기에게 하신 말씀처럼 받아들이고 있습니다. 이는 단순한 오독이 아니라, 실존적인 동일시와 내면화의 표현입니다.

즉, 키르케고르 혹은 화자는 성경 속 선지자의 내면 태도를 자신 안에서 그대로 반복하고자 하며, 그런 점에서 그 명령을 자신에게 주신 하나님의 말씀으로 전유(轉有)하고 있는 것입니다.

이와 같은 방식은 『두려움과 떨림』에서 아브라함을 해석할 때도 나타나며, 이는 키르케고르가 "성경적 인물의 실존을 지금 여기에서 반복하는 자"로서 자신을 사유하는 방식을 잘 보여줍니다.

결론: 사명을 향한 전적인 헌신과 방해 요소에서의 자유

이 기도는 하나님의 뜻을 깨닫고, 그 뜻을 수행하는 동안 방해받지 않는 삶을 살아가고자 하는 강한 결단을 표현합니다.

- 하나님께서 맡기신 사명을 분명히 알고, 그것에 집중하는 삶을 살기를 원합니다.
- 세상의 방해와 distraction에 흔들리지 않고, 오직 하나님만 바라보기를 간구합니다.
- 선지자 엘리야와 엘리사처럼, 하나님이 인도하시는 길을 따라 충실하게 걸어가기를 원합니다.

이 기도는 우리에게 이렇게 도전합니다.

- "나는 하나님이 맡기신 사명에 온전히 집중하고 있는가?"
- "나는 세상의 소음과 distraction 때문에 하나님의 뜻을 잊고 있지는 않은가?"
- "나는 하나님의 부르심을 따라 흔들림 없이 나아가고 있는가?"

우리도 세상의 유혹과 방해 요소들에 쉽게 마음을 빼앗기지 않도록, 하나님께 우리의 마음을 고정하고 집중하는 삶을 살아가야 합니다.

"주님, 저의 마음을 온전히 하나님께 고정하게 하소서. 세상의 방해 요소들로 인해 주어진 사명에서 벗어나지 않게 하시고, 오직 하나님께서 인도하시는 길을 묵묵히 걸어가게 하소서!"

1. 나는 하나님의 부르심에 온전히 집중하고 있습니까? 하나님께서 내게 맡기신 사명이 무엇인지 분명히 알고 있습니까?

_____

_____

_____

2. 나는 세상의 방해 요소로 인해 하나님께 집중하는 데 어려움을 겪고 있습니까?

_____

_____

_____

3. 나는 하나님이 주신 사명을 수행하는 동안 방해받지 않도록 노력하고 있습니까?

_____

_____

_____

4. 나는 하나님의 뜻을 따르는 것보다 사람들에게 인정받는 것을 더 중요하게 생각하지 않습니까?

_____

_____

_____

30 눈물의 회개와 하나님의 은혜의 언약

하늘에 계신 아버지!
눈물샘을 열어 노아의 홍수처럼
눈물의 물줄기가 당신의 눈에 은혜를 얻지 못한
과거의 모든 삶을 지워버리게 하소서.

또한 옛날에, 하늘에 은혜의 문과 같은 무지개를
세우셨을 때와 같이
다시는 홍수로 우리를 멸망시키지 않겠다는
언약을 주소서.[64]

다시는 죄가 우리 안에서 힘을 얻지 못하게 하셔서
죄의 몸에서 우리를 떼어내소서!

1839년 2월 1일

—JP:3376, EE:2, Pap. II A 342, 1839년 2월 1일

---

64 홍수가 끝난 후, 하나님께서 노아와 다시는 홍수를 보내지 않겠다고
    언약하고 무지개를 이 언약의 표징으로 삼으신 사건을 말한다(창세
    기 8:20~9:17).

Father in Heaven! Open the eye's springs and let a stream of tears, like unto the Flood, obliterate all of that past life which did not find favor in your eyes; but also, as of old, give a sign, as when you set the rainbow like a gate of grace in the heavens, that you would never again obliterate us with a Flood; never let sin get such power in us that you would once more have to tear us from sin's body!

1 Feb. 39.

해설

이 기도는 깊은 회개와 하나님의 용서를 간구하는 동시에, 다시는 죄의 홍수에 휩쓸리지 않기를 소망하는 기도입니다. 기도자는 노아의 홍수를 회개의 눈물로 비유하며, 자신의 과거의 모든 죄악이 하나님의 은혜로 깨끗이 씻기기를 원합니다. 또한 홍수 이후 하나님께서 무지개를 통해 주신 언약처럼, 다시는 죄가 자신을 지배하지 못하도록 하나님께서 보호해 주시기를 간구합니다.

회개의 눈물을 통해 과거의 죄를 씻어내길 간구

기도자는 자신의 눈물샘이 열려, 마치 노아 시대의 홍수처럼 자신의 과거의 죄악을 모두 씻어버리기를 간구합니다.

"눈물샘을 열어 노아의 홍수처럼 눈물의 물줄기가 당신의 눈에 은혜를 얻지 못한 과거의 모든 삶을 지워버리게 하소서."

이는 성경에서 죄에 대한 깊은 애통과 회개의 표현과 연결됩니다.

- 시편 51:2 "나의 죄악을 말끔히 씻으시며 나의 죄를 깨끗이 제하소서."
- 시편 56:8 "나의 유리함을 주께서 계수하셨사오니 나의 눈물을 주의 병에 담으소서."

죄로 인해 하나님의 은혜를 잃어버렸던 삶을 완전히 씻어내기를 원하는 간절한 회개의 요청입니다.

하나님의 은혜의 언약을 간구

기도자는 노아의 홍수 이후 하나님께서 세우신 무지개 언약을 언급하며, 다시는 죄의 홍수가 자신을 덮지 못하도록 보호해 주시기를 원합니다.

"또한 옛날에 하늘에 은혜의 문과 같은 무지개를 세우셨을 때와 같이 다시는 홍수로 우리를 멸망시키지 않겠다는 언약을 주소서."

이는 창세기 9:13-15에서 하나님께서 노아에게 하신 약속과 연결됩니다.

"내가 내 무지개를 구름 속에 두었나니 이것이 나와 땅
사이의 언약의 증거니라. 내가 구름으로 땅을 덮을 때에
무지개가 구름 속에 나타나면 내가 나와 너희와 및 모든
혈육을 가진 생물 사이에 내 언약을 기억하리니 다시는
모든 혈육 있는 자를 홍수로 멸하지 아니하리라."

기도자는 이 언약을 자신의 삶에도 적용하여, 하나님의
은혜로 다시는 죄의 심판을 받지 않기를 간절히 소망합니다.

죄의 권세에서 완전히 해방되기를 간구

기도자는 다시는 죄가 자신의 삶을 지배하지 않기를 강
하게 요청합니다. "다시는 죄가 우리 안에서 힘을 얻지 못하
게 하셔서 죄의 몸에서 우리를 떼어내소서!"

이는 바울이 로마서에서 말한 죄에 대한 승리의 신앙과
연결됩니다.

- 로마서 6:6 "우리가 알거니와 우리의 옛 사람이 예수
  와 함께 십자가에 못 박힌 것은 죄의 몸이 멸하여 다

시는 우리가 죄에게 종노릇 하지 아니하려 함이니."
- 로마서 6:14 "죄가 너희를 주관하지 못하리니 이는 너희가 법 아래에 있지 아니하고 은혜 아래에 있음 이라."

기도자는 자신의 죄가 단순히 용서받는 것을 넘어, 죄의 영향력에서 완전히 벗어나 새로운 삶을 살기를 원합니다.

결론: 회개의 눈물을 통한 새 삶의 시작

이 기도는 깊은 회개와 하나님의 은혜를 통한 새 출발을 강조합니다.

- 회개의 눈물을 통해 과거의 죄를 깨끗이 씻기를 원합니다.
- 하나님의 무지개 언약처럼, 다시는 죄의 홍수가 자신을 덮지 않기를 간구합니다.
- 죄의 힘이 더 이상 자신을 지배하지 않도록 하나님께 간절히 요청합니다.

1. 나는 단순한 후회가 아니라, 삶의 변화로 이어지는 참된
   회개를 실천하고 있습니까?

   _____

   _____

   _____

2. 나는 회개의 눈물을 통해 새로운 삶을 살아가고 습니까?
   과거의 죄에서 벗어나기 위해 노력하고 있습니까?

   _____

   _____

   _____

   _____

3. 나는 죄에서 자유로운 삶을 위해 구체적으로 무엇을 실
   천하고 있습니까?

   _____

   _____

   _____

4. 나는 하나님의 용서를 경험한 후, 다른 사람을 용서하는
   삶을 살고 있는가?

   _____

   _____

   _____

   _____